꿩 먹고 알 먹는

우크라이나어 첫걸음

Українська Мова і Культура

홍 석 우 지음

1945
문 예 림

저자 홍 석 우(Sogu Hong)

한국외국어대학교 우크라이나어과 교수
캐나다 앨버타대학 우크라이나 민속학 박사
주요관심분야: 우크라이나민속, 대중문화, 정치문화, 이민자문화

주요 저서

"문제적 관계의 우크라이나 언어와 정체성" (2022)
"우크라이나 분리 · 독립주의 정치사상의 기원과 발전" (2020)
"Ukrainian Folk Wedding Rituals in the Light of Van Gennep's View on Rites of Passage"(2017)
"우크라이나, 러시아, 벨라루스의 축일과 국가건설: 전승기념일을 중심으로" (2015)
우크라이나: 코자크와 오렌지혁명의 나라 (2008)

꿩 먹고 알 먹는 우크라이나어 첫걸음

개정판 1쇄 인쇄 : 2022년 4월 28일
개정판 1쇄 발행 : 2022년 5월 10일

저 자 : 홍 석 우
발행인 : 서 덕 일
발행처 : 도서출판 문예림
등 록 : 1962. 7. 12 제2-110호
주 소 : 경기도 파주시 회동길 366(서패동) (10881)
전 화 : (02)499-1281~2
팩 스 : (02)499-1283
홈페이지 : http://www.moonyelim.com
이메일 : info@moonyelim.com

ISBN 978-89-7482-925-4(13790)

머리말

서로 다른 지역과 문화권에 위치하고 있는 우크라이나와 한국은 좀처럼 연관 관계를 찾아보기 힘든 멀고도 먼 이웃으로만 보였다. 한국인들에게 있어 '우크라이나' 라고 했을 때 연상이 되는 것들은 그리 많지 않았고, 오히려 체르노빌 원전사고와 같은 부정적인 이미지가 강했을 것으로 보인다. 그런데 2022년 러시아와 우크라이나의 전쟁이 발생하면서 우크라이나에 대한 우리 국민들의 관심이 폭발했다. 이러한 관심에 힘입어 우크라이나 도시들의 국어 표기법을 러시아어 발음에서 우크라이나어 발음으로 교체하는 변화도 발생했다. 몇 십년 동안 우크라이나의 수도 이름을 '키예프' 로 불러왔던 우리가 하루 아침에 '키이우' 로 바꾸게 된 계기는 무엇일까? 그것은 바로 우리 국민들이 조국을 지키려는 우크라이나인들의 '결사항전' 자세에 감동해서일 것이다. 자신의 영토와 민주주의를 수호 하려는 우크라이나인들의 용기와 저항정신이 우리 국민들을 감동 시켰다고 본다. 우크라이나 전쟁의 참상은 우리 국민들에게 주권과 민주주의의 중요성을 다시금 일깨워주었고 우크라이나를 더 잘 이해하려는 중요한 동기와 계기를 제공했다. 이 전쟁을 통해 우리나라가 우크라이나와 좀 더 긴밀한 협력 관계를 추구할 수 있게 되길 기대해 본다.

실제로 우크라이나는 유럽에서 러시아 다음으로 큰 국가로서 독일과 영국을 합친 크기의 거대한 영토를 가지고 있다. 또한 우크라이나는 유라시아의 중심부에 위치하면서, 이 지역에 대한 통제권을 가지려는 서방과 러시아의 각축장이 되어왔다. 그럼에도 불구하고, 우크라이나에 대한 우리의 관심은 매우 적었는데, 그 이유는 아마도 우크라이나로부터 한국이 경제적으로 이득을 얻을 가능성이 희박해 보였으며, 투자가치가 발견되지 않았기 때문일 것이다. 이러한 오해는 우크라이나에 대한 정보의 부족으로 이 지역에서 공략할 대상과 방법을 찾지 못해서 발생했다고 본다. 아주 작은 바늘에서 부터 최첨단 항공우주선까지 만들 수 있는 기술을 가진 우크라이나는 우리가 생각하는 것 이상의 잠재력을 가진 국가임이 틀림없다.

한국외국어대학교는 2009년부터 국내 및 아시아 최초로 우크라이나어과를 개설하여 이 지역의 연구와 교육을 주도해왔다. 그동안 우크라이나 지역에 대한 언어와 문화를 가르쳐 왔던 본인은 수업을 통해 준비해 왔던 자료들을 모아 하나의 교재로 출판하게 되었다. 지금까지 우크라이나어와 문화와 관련된 서적이 국내에서 매우 드물었음을 고려할 때 이 책이 가지는 의미는 적지않다고도 볼 수 있다. 그러나 반면 처음이라는 이유에서 이 책의 내용과 형식, 깊이에 있어 한계성이 존재할 것이라는 사실을 쉽게 예측할 수 있다. 따라서 본 서적에서 발견되는 미흡한 점들과 실수, 잘못 등은 절대적으로 저자의 몫이 될 것이며, 앞으로 본인과 후학들에 의해 수정, 보완되어야 할 것이다. 저자는 이 서적의 개정판 발간을 통해 한국에서 우크라이나어와 문화를 배우고 싶어하는 학생들과 모든 분들께 조금이나마 도움이 되길 바란다.

홍 석 우

Contents

목 차

Contents

문 법

Contents

상식코너

문화의 이해

책의 구성에 관하여…

'우크라이나어 첫걸음'은 기존의 언어 학습서와는 다른 구성을 보이고 있다. 보통 회화와 문법으로만 구성된 기존의 학습서가 언어를 집중적이며 효과적으로 설명할 수 있는 장점은 있으나, 언어와 관련된 문화의 설명이 없어 언어 학습의 동기부여를 충분히 주지 못하고 지루하게 만드는 경우가 많다. 이와 같은 문제제기에서 출발하여, 본 서적은 우크라이나어 회화와 문법을 설명하면서, 언어와 연관성 있는 문화적인 내용들을 함께 설명하므로써 독자들에게 언어 학습에 흥미를 제공하면서, 해당 지역문화를 보다 깊이 있게 이해를 할 수 있도록 하고자 했다.

국내에 우크라이나에 대한 개설서가 부재한 실정을 고려할 때, 우크라이나 언어와 함께 기본적인 문화설명이 함께 이루어져야 할 것으로 생각했다. 이와 같은 문제의식 속에서 저자는 '우크라이나어 첫걸음'을 12개의 과 속에서 다음과 같은 순서로 배열했다.

회화 → 대화문장의 이해 → 문법의 이해 → 상식 코너 → 문화의 이해

5단계로 이어지는 순차적인 학습을 통해 심도있게 언어와 문화를 학습 할 수 있음은 물론, 독자가 원하는 부분만을 개별적으로 학습하므로써 관심있는 분야의 지식을 넓힐 수 있을 것으로 기대된다.

알아두어야 할 사항들

문법용어의 약자

단어의 문법적 명칭을 표시하기 위해 부분적으로 영문 약어를 사용했다.

명사	*n* (noun)
남성명사	*m* (masculine gender)
여성명사	*f* (feminine gender, female)
중성명사	*n* (neuter gender)
형용사	*a* (adjective)
부사	*ad* (adverb)
동사	*v* (verb)
전치사	*pr* (preposition)

우크라이나어의 자모표

차례	활자체	필기체	영어식 표기*	영어의 유사음	명 칭	
1	А а	А а	a	"father"의 a [a]	а	아
2	Б б	Б б	b	"bush"의 b [b]	бе	베
3	В в	В в	v	"victory"의 v [v] "will"의 w [w]	ве	베
4	Г г	Г г	h	"how"의 h [h]	ге	헤
5	Ґ ґ	Ґ ґ	g	"game"의 g [g]	ґе	게
6	Д д	Д д	d	"do"의 d [d]	де	데
7	Е е	Е е	e	"let"의 e [e]	е	에
8	Є є	Є є	ie	"yes"의 ye [ye]	є(йе)	예
9	Ж ж	Ж ж	zh	"measure"의 s [zh]	же	줴
10	З з	З з	z	"zoo"의 z [z]	зе	제
11	И и	И и	y	"bit"의 i [i]	и	(으)이
12	І і	І і	i	"beat"의 ea [i:]	і	이
13	Ї ї	Ї ї	ï	"yeast"의 yea [yi:]	ї	이(길게)
14	Й й	Й й	i	"boy"의 y	йот	요트
15	К к	К к	k	"kitten"의 k [k]	ка	까

*미국 Library of Congress에서 지정한 transliteration을 따르고 있다.

차례	활자체	필기체	영어식 표기	영어의 유사음	명 칭	
16	Л л	Лл	l	“lamp”의 l [l]	ел	엘
17	М м	Мм	m	“mouse”의 m [m]	ем	엠
18	Н н	Нн	n	“nice”의 n [n]	ен	엔
19	О о	Оо	o	“Oliver”의 o [o]	о	오
20	П п	Пп	p	“people”의 p [p]	пе	뻬
21	Р р	Рр	r	“roof”의 r [r]	ер	에르
22	С с	Сс	s	“sell”의 s [s]	ес	에스
23	Т т	Тт	t	“turtle”의 t [t]	те	떼
24	У у	Уу	u	“tooth”의 oo [u:]	у	우
25	Ф ф	Фф	f	“photo”의 ph [f]	еф	에프
26	Х х	Хх	kh	“loch”의 ch [kh]	ха	하
27	Ц ц	Цц	ts	“tsar”의 ts [ts]	це	쩨
28	Ч ч	Чч	ch	“church”의 ch [ch]	че	체
29	Ш ш	Шш	sh	“shoes”의 sh [sh]	ша	샤
30	Щ щ	Щщ	shch	“fresh cheese”의 shch [shch]	ща	쉬챠
31	Ь ь	Ьь	’	-	м’який знак (연음기호)	-
32	Ю ю	Юю	iu	“you”의 you [yu:]	йу	유
33	Я я	Яя	ia	“yard”의 ya [ya]	йа	야

우크라이나어 알파벳과 발음

우크라이나어 알파벳 (33개)

А а	Б б	В в	Г г	Ґ ґ	Д д	Е е	Є є	Ж ж	З з	И и
І і	Ї ї	Й й	К к	Л л	М м	Н н	О о	П п	Р р	С с
Т т	У у	Ф ф	Х х	Ц ц	Ч ч	Ш ш	Щ щ	Ь ь	Ю ю	Я я

1. 끼릴 문자 (Cyrillic alphabet)

우크라이나어는 끼릴 문자(Cyrillic alphabet)를 사용하는 언어이다. 끼릴 문자는 정교(Orthodox Christianity)의 전파 과정에서 발생한 문자로 우크라이나, 벨라루시, 러시아, 몰도바, 세르비아, 몬테네그로, 불가리아 등과 중앙아시아, 북아시아, 몽골 등에서 사용된다.

2. 우크라이나어의 모음과 자음

우크라이나어의 모음을 표기하는 철자는 모두 10개이다. 그 중 기본 모음은 6개(а, е, и, і, о, у)이며, й와 일부 기본 모음(а, е, і, у)이 결합하여 만들어진 이중 모음은 4개(я, є, ї, ю)이다. 이들 10개의 모음을 제외한 22개의 철자는 자음이며, 마지막 1개(Ь ь)는 연음기호이다.

2.1 우크라이나어의 기본 모음은 다음과 같다.

А а 영어의 father, start의 a [a]와 같은 음으로 우리말의 '아' 음과 비슷하다.

Е е 영어의 met, bet의 e[e]와 같은 음으로 우리말의 '에' 음과 비슷하다.

И и 영어의 bit, tin의 i[i]와 같은 음으로 우리말의 '이' 음과 유사하나, 실제로는 '이'와 '의' 사이의 음으로 오히려 '으' 음에 가깝다고 볼 수 있다.

І і	영어의 beet, meet의 ee [i:]와 같은 음으로 우리말의 '이' 음과 비슷하다.
О о	영어의 short의 o[o]와 같은 음으로 우리말의 '오' 음과 비슷하다.
У у	영어의 boot, soon의 oo [u:]와 같은 음으로 우리말의 '우' 음과 비슷하다.

2.2 й(이요트)와 일부 기본 모음(a, e, i, y)이 결합하여 만들어진 중복 모음은 다음과 같다.

Я я	영어의 "yard"의 ya [ya]와 같은 음으로 우리말의 '야' 음과 비슷하다. 우크라이나어 문자 й [y]와 a [a] 소리가 결합하여 [ya]로 발음된다.
Є є	영어의 "yes"의 ye [ye]와 같은 음으로 우리말의 '예' 음과 비슷하다. 우크라이나어 문자 й [y]와 e [e] 소리가 결합하여 [ye]로 발음된다.
Ї ї	영어의 "yeast"의 yea [yi:]와 같은 음으로 혀를 뒤로 끌어당기면서 입천장 쪽으로 높이 들어 올리고, 입을 옆으로 벌려 강하게 긴장시키면서 '이' 라고 발음하는 음과 비슷하다. 우크라이나어 문자 й [y]와 i [i:] 소리가 결합하여 [yi:]로 발음된다.
Ю ю	영어의 "you"의 you [yu:]와 같은 음으로 우리말의 "유"와 비슷하다. 우크라이나어 문자 й [y]와 y [u] 소리가 결합하여 [yu:]로 발음된다.

주의) 우크라이나어의 모음들은 강세의 유무에 따라 음의 가치가 변화하지 않는다. 다시 말해 강세의 유무에 관계없이 모음들은 항상 본래의 음가를 유지한다고 볼 수 있는데, 이는 러시아어와 다른 우크라이나어의 특징이다.

3. 우크라이나어의 자음

우크라이나어의 자음은 모두 22개이며, 모든 자음들은 경음(hard sound)과 연음(soft sound)으로 발음이 될 수 있다. 경음과 연음의 차이는 구개음화의 유무에 따라 나뉜다. 구개음화란 혀를 뒤로 끌어당기면서 입천장 쪽으로 높이 들어 올리고, 입천장의 중간 부분을 향해 혀를 둥그렇게 대고 입을 강하게 긴장시키면서 발음하는 현상을 말한다.

3.1 경자음 (Hard consanants)

구개음화 현상이 나타나지 않는 자음을 말하는 것으로 두 입술 소리, 이-입술 소리, 잇소리, 잇몸소리, 센 입천장 소리, 여린 입 천장 소리로 구분이 된다.

[두 입술 소리 : 두 입술로 공기의 흐름을 막았다가 열면서 내는 소리]

П п 영어 “people”의 p와 유사한 소리이나, 실제로는 ‘ㅍ’보다는 우리말의 된소리 ‘ㅃ’에 더 가까운 무성음이다.

Б б 영어 “bush”의 b와 유사한 소리이며, 우리말의 ‘ㅂ’음과 비슷한 무성음이다.

М м 영어 “mouse”의 m와 유사한 소리이며, 우리말의 ‘ㅁ’과 비슷하다.

[이-입술 소리 : 아랫입술을 윗니에 대었다가 떨어뜨리면서 내는 소리]

В в 영어 “victory”의 v와 유사한 소리이나, 우리말에는 이에 상응하는 음가가 없다.

Ф ф 영어 “photo” 혹은 “father”의 ph나 f [f]와 유사한 소리이나, 우리말에는 이에 상응하는 음가가 없다.

[잇소리 : 혀끝을 윗니 안쪽에 대었다가 떨어뜨리면서 내는 소리]

Т т 영어 “turtle”의 t와 유사한 소리이나, 실제로는 ‘ㅌ’보다는 우리말의 된소리 ‘ㄸ’에 더 가깝다.

Д д 영어 “do”의 d와 유사한 소리이며, 우리말의 ‘ㄷ’음과 유사하다.

С с 영어 “sell”의 s와 유사한 소리이며, 우리말의 된소리 ‘ㅆ’에 가깝다.

З з 영어 “zoo”의 z와 유사한 소리이다. 우리말에는 이에 상응하는 소리가 없지만, 우리말의 ‘ㅈ’음에 가깝다고 볼 수 있다.

Н н 영어 “nice”의 n과 유사한 소리이며, 우리말의 ‘ㄴ’과 비슷하다.

Л л 영어 “lamp”의 l과 유사한 소리이며, 우리말의 ‘ㄹ’음과 비슷하다.
그러나 우리말의 ‘ㄹ’음과 달리 혀끝이 윗니 뒤쪽에 닿아서 내는 소리이다.

[잇몸소리 : 혀끝을 윗 잇몸에 가까이 대면서 내는 소리]

Р р 영어 “roof”의 r과 유사한 소리이며, 혀끝을 여러 번 진동시키면서 우리말의 ‘ㄹ’을 발음하는 소리와 비슷하다.

Ж ж 영어 “measure”의 s [zh]와 유사한 소리인데, 우리말에는 이에 정확하게 상응하는 소리가 없다. 대체로 ‘쥐’와 비슷하다.

Ш ш 영어 “shoes”의 sh와 유사한 소리이며, 우리말의 ‘쉬’ 소리와 비슷하다.

Ц ц 영어 “tsar”의 ts와 유사한 소리인데, 우리말에는 이에 상응하는 자음이 없다. 대체로 우리말의 ‘ㅉ’음에 가깝다.

[센 입천장 소리 : 혓몸 앞부분을 센 입천장(경구개)에 대었다가 떼면서 내는 소리]

Ч ч 영어 "church"의 ch와 유사한 소리이며, 우리말의 'ㅊ' 음과 비슷하다.

Щ щ 영어 "fresh cheese"의 shch와 유사한 소리인데, 우리말에는 이에 상응하는 소리가 없다. 대체로 우리말로 '쉬츠' 음에 가깝다.

Й й 영어 "boy"의 y와 유사한 소리로서 우리말의 '이' 음과 비슷하다. 이 자음은 자음 뒤에는 절대로 오지 않으며, 항상 모음과 결합하여 이중모음을 형성한다.

[여린 입천장 소리 : 혀의 뿌리 부분을 여린 입천장(연구개)에 대었다가 떼면서 내는 소리]

К к 영어 "kitten"의 k와 유사한 소리인데, 실제로는 'ㅋ' 보다 우리말의 된소리 'ㄲ' 에 가깝다.

Г г 영어 "how"의 h와 유사한 소리이며, 우리말의 'ㅎ' 음과 비슷하다.

Ґ ґ 영어 "game"의 g와 유사한 소리이며, 우리말의 'ㄱ' 음과 비슷하다.

Х х 영어 "loch"의 ch와 유사한 소리이며, 우리말의 'ㅎ' 음을 발음할 때보다 혀의 뒷부분을 여린 입천장에 더 접근시켜 강하게 발음한다.

3.2 연자음 (Soft consanants)

22개의 우크라이나어 경자음들은 구개음화를 통해 연자음으로 발음될 수 있는데, 다음 세 가지 방법에 의해 연음화 된다.

[연음기호 'Ь' 앞에서]

Ь ь 실제 음가를 갖지는 않지만 발음 시 앞에 놓인 철자의 음가를 연음화시키는 역할을 한다.

예) 자음 т, л, ц, н 앞에 а 음을 붙여 소리를 내면 경음의 소리가 난다 : ат, ал, ац, ан. 다시 말해 혀 끝이 윗니에 부딪히며 딱딱한 소리를 내게 된다. 그런데 후미에 연음기호를 첨가할 경우, 혀를 뒤로 끌어당기면서 입천장 쪽으로 높이 들어 올리고, 입천장의 중간 부분을 향해 혀를 둥그렇게 대면서 부드러운 소리를 얻게 된다 : ать аль аць ань.

[이중 모음 'Я я, Є є, Ї ї, Ю ю' 앞에서]

Я я, Є є, Ї ї, Ю ю와 같은 이중 모음들이 자음과 결합할 경우 이들 모음 앞의 자음들은 연자음화된다.

예) 자음 т, л, ц, н 뒤에 а 를 붙여 소리를 내면 경음의 소리가 난다 : та, ла, ца, на. 다시 말해 혀 끝이 윗니에 닿으며 경음을 내게 된다. 그런데 후미에 я 혹은 є, ї, ю 를 붙이면 구개음화 현상이 발생하면서 연음(부드러운소리)을 발생하게 된다 : тя, ля, ця, ня.

[모음 і 앞에서]

모음 і 앞에서 모든 자음들은 연음화 된다.

예) повoлі	[povol' i:]	우리말로 '뽀볼리' 에 가깝다.
всі	[ws' i:]	우리말로 '우씨' 에 가깝다.
скажіть	[skazh' i:t']	우리말로 '쓰까쥣쯔' 에 가깝다.
вечір	[vech' i:r]	우리말로 '베치르' 에 가깝다.

4. 주의해야 할 음운 및 발음법칙

① 우크라이나어 문자 'В в' 는 모음 앞에서는 [v]로 발음되나, 다른 자음 앞에서 혹은 단어의 맨 뒤에서는 [w]로 발음 된다.

вікно [vi:kno]	창문 – 우리말로 '비끄노' 라고 발음된다.
вчора [wchora]	어제 – 우리말로 '우초라' 라고 발음된다.
Львів [l' vi:w]	우크라이나 서부의 도시이름 – 우리말로 '르비우' 라고 발음된다.

② 우크라이나어의 일부 문자들은 두 소리가 합쳐져 한 소리를 만들어 내는 경우가 있다:

- 'щ' 는 ш 음과 ч 음을 합친 것과 같은 소리를 낸다.
- 'дж' 는 영어 'jam' 의 j음과 유사하다. 예) Я ходжу [ya khoju:] (나는 간다)
- 'дз' 는 영어 'buds' 의 ds [dz]음과 유사하다. 예) дзеркало [dzerkalo] (거울)

Перший урок

1 Добри́день! Як ва́ше ім'я́?

안녕하세요! 당신의 이름은 무엇입니까?

Діало́г : Знайо́мство(만남)

Стівен: Д́обрий день.
도브르이 덴

Тарас: Добри́день.
도브르이덴

Стівен: Я Сті́вен Степа́нович
야 스띠벤 스떼빠노브이치

Гончаре́нко.
혼차렌꼬

Як ва́ше ім'я́?
약 바쉐 임야

Тарас: Моє́ ім'я́ Та́рас.
모예 임야 따라쓰

Стівен: Як ва́ше прі́звище?
약 바쉐 쁘리즈브이쉬체

Тарас: Моє́ прі́звище -
모예 쁘리즈브이쉬체-

Петре́нко.
뻬뜨렌꼬

Стівен: А як вас по ба́тькові?
아 약 바쓰 뽀 바띠꼬비

Тарас: По ба́тькові -
뽀 바띠꼬비

Миха́йлович.
므이하일로브이치

Стівен: Ду́же прие́мно.
두줴 쁘르이옘노

Тарас: Прие́мно
쁘르이옘노

познайо́митися.
뽀즈나이오므이뜨이쌰

안녕하세요 (좋은 날입니다)
안녕하세요.
저는 스티븐 스테바노비치
혼차렌코입니다.
당신의 이름은 무엇입니까?
나의 이름은 타라스입니다.
당신의 성은 무엇인가요?
저의 성은 페트렌코입니다.

그러면 당신의 부칭은 무엇인가요?
저의 부칭은 미하일로비치입니다.
(만나뵈어서) 대단히 기쁘군요.
만나뵙게되어 기쁩니다.

단어 익히기

Словник	Vocabulary	단 어
Знайо́мство 즈나이옴스뜨보	meeting	만남 (n, 중성, 단수, 주격)
до́брий (a, e, i) 도브르이	good	좋은 (a)
день 덴	day	날, 하루 (n, 남성, 단수, 주격)
добри́день 도브르이덴	good day (afternoon)	좋은 하루
як 약	how	어떻게 (의문대명사)
ва́ш, ва́ша, ва́ше 바쉬, 바샤, 바쉐 (남 / 여 / 중성)	you	당신의 (소유대명사)
вас 바쓰	you	당신(을) (인칭대명사, 대격)
мене́ (я의 목적격) 메네	me	나(를) (인칭대명사, 대격)
ім'я 임야	name	이름 (n, 중성, 단수, 주격)
мі́й, моя́, моє́ 미이, 모야, 모예 (남 / 여 / 중성)	my	나의 (소유대명사)
прі́звище 쁘리즈브이쉬체	last name	성 (姓) (n, 중성, 단수, 주격)
по ба́тькові 뽀 바띠꼬비	patronymic	부칭으로는 (pred+n)
ду́же 두줴	very	매우 (ad)
прие́мно 쁘르이옘노	pleasant, nice	기쁘게 (ad)
познайо́митися 뽀즈나이오므이뜨이쌰	to meet	만나다. (v)

대화문장의 이해

1. До́брий день (기본적인 인사표현)

우크라이나인들은 공식적, 비공식적 만남에서 До́брий день!으로 인사를 시작한다. 만나게 되는 시간에 따라 아침, 점심, 저녁, 늦은 밤 인사를 아래와 같이 하게 된다.

До́брий ра́нок! 좋은 아침입니다.
도브르이 라녹

До́брий день! 좋은 날입니다.
도브르이 덴

До́брий вечір! 좋은 저녁입니다.
도브르이 베치르

Добра́ніч! 잘 자요!
도브라니츠

가까운 친지나 친구 사이에서는 приві́т! (안녕)이라고 인사하기도 하며, 서로의 근황을 물어볼 때는 영어의 How are you?와 같은 의미인 Як спра́ви!를 말한다. спра́ви는 일들(things, business)을 뜻하여, '당신의 일들은 어떻습니까?' 라고 직역할 수 있는데, '당신은 어떻게 지내십니까?' 라고 해석하면 된다.

2. Я Сті́вен Степа́нович Гончаре́нко (우크라이나인들의 이름구조)

우크라이나인들의 이름구조는 다음 표와 같으며, 이름 전체를 말할 때는 아래의 순서대로 말해야 한다.

	이름 (ім'я)	부칭 (по ба́тькові)	성 (прі́звище)
남 성	Сті́вен	Степа́нович	Гонча́ренко
여 성	Ма́рта	Степа́нівна	Гонча́ренко

- 이름: 남성의 이름은 보통 자음으로 끝나며, 모음 о 혹은 а로 끝나는 경우도 있다(Ма́рко, Мико́ла). 여성의 이름은 보통 모음 а, я로 끝난다(О́льга, О́ля).

• 부칭: 부칭을 의미하는 по бáтькові는 전치사 по와 бáтько(아버지)가 만나 구성되었다. 영어의 middle name과 같은 것으로 아버지의 이름에서 만들어 지며, '~의 아들, 딸' 이라는 의미를 지니게 된다. 위의 예에서 보듯이 Стíвен과 Мáрта의 부칭은 그들의 아버지 이름 Степáн에 ович와 івна를 붙여 만들어 진 것임을 알 수 있다.

부칭을 만드는 방법은 다음과 같다.

남성의 부칭: 아버지의 이름 + ович 혹은 євич 여성의 부칭: 아버지의 이름 + івна 혹은 ївна

• 성: 우리 이름의 성(姓)에 해당하는 것은 прíзвище이다.

3. Як вáше ім'я́? (당신의 이름은 무엇입니까?)

우크라이나어로 상대방의 이름을 물어 보는 가장 기본적인 표현은 Як вáше ім'я́?이다. 이 문장의 영어식 표현은 What is your name?인데, 우크라이나어 표현에서는 영어의 'is' 에 해당하는 be동사 є가 생략되어 있다. 보통 우크라이나어에서는 '있다, 이다' 의 의미를 지닌 be동사가 생략되는 경우가 많다.

상대방의 이름, 부칭, 성을 물어보는 표현에는 다음과 같은 것들이 있다.

Як вас звуть? 당신의 이름은 무엇입니까?
약 바쓰 즈붓

Як вас по бáтькові? 당신의 부칭은 무엇입니까?
약 바쓰 뽀 바띠꼬비

Як вáше прíзвище? 당신의 성은 무엇입니까?
약 바쉐 쁘리즈브이쉬체

Як вас звуть?의 영어식 직역은 What do they call you?로 '사람들이 당신을 무엇이라고 부릅니까?' 이며, '당신의 이름이 무엇입니까?' 라고 해석한다. 이 문장에서는 주어 '그들' 에 해당하는 단어 вони가 생략되어 있다. 'звуть' 은 3인칭 복수주어 вони에 대응하는 동사 형태로 원형은 звати이며, '~라고 부르다' 의 뜻을 지닌다.

4. Ду́же прие́мно (만나서 반갑습니다)

Ду́же прие́мно의 완성된 문장은 Мені ду́же прие́мно познайо́митися з ва́ми(I am very nice to meet you)로서 주어와 동사가 생략되어 있다. 이와 같이 우크라이나어에서는 주어와 동사를 생략하여 간략하게 문장을 만드는 경우도 있다.

5. 헤어짐의 표현

가까운 사람들 사이에서 다음과 같은 말로 헤어지는 인사를 한다.

До поба́чення! 도 뽀바첸냐	(다시 만날 때까지) 안녕
До зу́стрічі! 도 주스뜨리치	안녕
Щасли́во! 쉬차슬르이보	안녕(가까운 사이)
Бува́й(те)! 부바이(떼)	안녕(한 사람에게 / 여러 사람에게)
Па! 빠	안녕(아주 가까운 사이)

3 단계

문법의 이해

1. 품사의 개요

우크라이나어는 문법적으로 다음과 같은 품사들로 구분이 되며, 이들 중 기본적인 품사(명사, 형용사, 대명사, 의문대명사, 동사 등)들을 아래의 과들에서 소개하기로 하자.

	품 사	구 분	상 세 내 용
1	명사	명사의 성	남성, 여성, 중성
		명사의 수	단수, 복수
		명사의 격	주격, 생격, 여격, 대격, 전치격, 호격
2	대명사	종류	인칭대명사(я, ти, він, вона, вони, ми, вони) 재귀대명사(себе) 소유대명사(мій, моя, моє, мої 등) 지시대명사(це, то) 정(定)대명사(сам, самий, весь, всякий, кожний) 의문대명사(хто, що, який, чий 등) 부정(否定)대명사(ніхто, ніщо, ніякий, нічий 등)
3	형용사	형용사의 어미	남성, 여성, 중성 단수형 어미 / 복수형 어미
		종류	성질, 관계, 소유 형용사
		특별용법	비교급과 최상급
4	수사	종류	수량수사(서수, 기수), 집합수사, 분수사
5	동사	시제	과거, 현재, 미래진행, 완료, 불완료형
		형태	정태, 부정태
		종류	무인칭동사, 운동의 동사, 부동사 등
		용법	부정법, 직설법, 명령법, 조건법
6	부사	종류와 기능	술어부사, 관계부사, 지시부사, 부정(否定)부사, 부정(不定)부사, 장소의 부사, 시간의 부사
7	전치사	종류와 기능	в, на, з, за 등 – 명사의 앞에 사용
8	접속사	종류와 기능	и, і, та, або, но, тому що 등 두 문장을 연결해주는 품사
9	소사	종류와 기능	개개의 낱말이나 문장 전체에 여러가지 뉘앙스를 붙여주는 보조어: ні, не, би, -небудь
10	감탄사	종류와 기능	ах, ба, ура 등 감정이나 충동을 나타내는 낱말

2. 명사의 성

사람과 사물을 지칭하는 명사는 세가지 성으로 나뉘며, 대체적으로 다음과 같은 규칙에 따라 구분이 된다.

• 남성: 자음으로 끝나는 명사, ь 연음기호로 끝나는 명사

• 여성: а, я로 끝나는 명사

• 중성: о, е로 끝나는 명사

남 성	여 성	중 성
він (he)	воня́ (she)	воно́ (it)
син (son)	до́нька (daughter)	не́бо (sky)
цирк (circus)	ла́мпа (lamp)	мо́ре (sea)
олíве́ць (pencil)	ки́ця (pussy-cat)	вікно́ (window)

주의:

• 일부 자음 중 ч, ж, ш로 끝나는 명사는 여성형이다.
  예) ніч(저녁), річ(일)

• 'ь' 로 끝나는 일부 자음 중 여성인 경우도 있다.
  예) сіль(소금), прие́мність(기쁨)

• я로 끝나는 명사가 중성인 경우도 있다.
  예) ім' я́(이름), пита́ння (질문)

3. 명사의 수

우크라이나어의 명사에는 단수와 복수가 있으며, 보통 어미 변화에 의해 구별이 된다. 명사의 복수형에 대해서는 제2과 문법의 이해에서 배우도록 하자.

4. 명사의 격

격(case)이란 문장에서 명사가 하는 기능을 말하는 것으로 우크라이나어의 명사는 일곱개의 격을 가진다.

격		의 미	(예 1. 활동체) 타라스	(예 2. 비활동체) 눈(雪)
1격	주격	문장의 주어가 되는 격 사전에 쓰여지는 형태	Tapác	сніг
2격	생격	문장에서 소유관계와 소속관계를 나타내는 격	Tapáca	снíгу
3격	여격	문장에서 간접목적어의 기능을 하는 격	Tapácoві	снíгові
4격	대격	문장에서 직접목적어의 기능을 하는 격	Tapáca	сніг
5격	조격	문장에서 행위를 수행하는 방법이나 수단, 도구를 표현하는 격	Tapácом	снíгом
6격	전치격	문장에서 대상이나 동작의 위치를 나타내는데 사용되는 격으로 전치사와 함께 사용	на/у Tapáci на/у Tapácoві	на/у снігý
7격	호격	누군가를 부를 때 사용되는 격	Tapáce!	снíгу

5. 인칭대명사

우크라이나어에는 6개의 단수 인칭대명사와 3개의 복수 인칭대명사가 있다. 2인칭 단수대명사 ти는 우리말의 '너' 에 해당하며 가까운 친구나 친지 혹은 아이들을 지칭할 때 사용한다. 잘 모르는 상대방이나 윗사람에게 '당신' 이라고 말할 때는 ви를 쓴다. 2인칭 복수대명사 ви는 너희들, 당신들을 지칭할 때 사용된다.

'나' 에 해당하는 1인칭 단수대명사는 문장 맨 앞에서만 대문자로 쓰고, 문장의 중간에서는 소문자로 사용하면 된다. 그러나 '당신' 을 의미하는 ви는 문법적으로 소문자로 쓰게 되어 있으나, 상대방에 대한 존경의 뜻을 표현하기 위해 문장중간에도 Ви와 같이 대문자로 쓰는 경우가 많다.

인 칭	단 수	의 미	복 수	의 미
1인칭	я	나	ми	우리
2인칭	ти ви	너 당신	ви	너희들 당신들
3인칭	він	그	вони́	그들
	вона́	그녀		
	воно́	그것		

6. 소유대명사

소유대명사란 뒤에 오는 명사의 소유를 나타내는 것으로 '나의, 너의, 당신의, 그의, 그녀의, 그것의, 우리의, 당신(들)의, 그들의' 와 같은 의미를 가지며, 뒤에 오는 명사의 성과 단수, 복수의 형태에 따라 변한다.

	단 수			복 수 명 사
	남성명사	여성명사	중성명사	
Я	мій	моя	моє	мої
Ти	твій	твоя	твоє	твої
Він, Вона́, Воно́	його, її, його			
Ми	наш	наша	наше	наші
Ви	ваш	ваша	ваше	ваші
Вони́	їхній	їхня	їхнє	їхні

예문

Мій син(брат, олівéць, друг, бáтько)
미이 쓰인 (브라뜨, 올리베쯔, 드루흐, 바띠꼬)
나의 아들 (형제, 연필, 친구, 아버지)

Моя дочкá(сестрá, пóдруга, дружи́на)
모야 도츠까 (쎄쓰뜨라, 뽀드루하, 드루쥐나)
나의 딸 (자매, 여자친구, 아내)

Моє вікнó(нéбо, мíсце, ім'я́) 나의 창(하늘, 장소, 이름)
모예 비끄노 (네보, 미쓰쩨, 임야)

Мої брати́(сéстри, дрýзі) 나의 형제들(자매들, 친구들)
모이 브라뜨이 (쎄쓰뜨르이, 드루지)

위의 문장에서 мíй, моя́, моє́, мoї́ 대신에 '너의, 우리의, 당신의' 에 해당하는 소유대명사를 명사의 성과 단수, 복수의 형태를 고려하여 적용하면 된다. '그의, 그것의(йогó),' '그녀의(її́)' 는 뒤에 따르는 명사의 성과 단수 / 복수에 상관없이 하나의 형태만 존재한다.

예문

Йогó брат(сестрá, дружи́на, ім' я́, сéстри)
이오호 브라뜨 (쎄쓰뜨라, 드루쥐나, 임야, 쎄쓰뜨르이)
그의 형(자매, 처, 이름, 자매들)

її́ шкóла(автóбус, бáтько, грóші) 그녀의 학교(버스, 아버지, 돈)
이이 쉬꼴라 (아우또부쓰, 바띠꼬, 흐로쉬)

7. '–이다' '–있다' 동사의 생략

우크라이나어의 문장에서는 영어의 be 동사, 우리말의 '–이다' 혹은 '있다' 에 해당하는 술어가 생략되는 경우가 많다. 위에서 예를 든 Моє́ ім' я́ Тарáс는 Моє́ ім'я є Тарáс에서 '–이다' 의 뜻을 지닌 'є' 가 탈락되어 만들어진 것이다.

상식코너

빵과 소금, 술로 하는 인사의례

우크라이나에서 귀한 손님을 맞이하는 전통적인 인사는 말 이외에 일정한 의례를 통해 표현된다. 혼례식이나 환영식, 접대식 등에서 귀한 손님이나 행사의 주인공을 맞이하기 위해 전통적으로 빵과 소금, 술을 준비하고, 손님을 맞이하는 문 앞이나 입구에서 하게 된다. 손님은 빵과 소금을 먹고, 우크라이나 전통술인 호릴까나 보드카를 마시게 된다.

악수

우크라이나인들, 특히 남(여)자들은 처음 만났을 때 악수를 교환한다. 잘 아는 친구 사이에도 만날 때마다 악수를 하는 경우가 많다. 그런데 만약 여성과 만났을 때는 그 여성이 먼저 악수를 요청하지 않는 한 남자가 먼저 악수를 청하지 말아야 한다.

우크라이나인들의 미신(забобóн) 중 문턱에서 악수를 하면 불행을 가져온다는 말이 있다. 따라서 반드시 집안에 들어가서 주인과 악수를 해야 한다.

키스

전통적으로 슬라브인들은 서로 뺨에 세 번의 키스로 인사를 나눈다는 고정관념이 있으나, 실제로 현대 우크라이나인들은 친지나 매우 가까운 친구들 사이에서만 키스로 인사를 한다.

5단계

문화의 이해

우크라이나어의 기원

과연 우크라이나어는 언제, 어떻게 시작되고 발전되었을까를 생각해 보는 것이 우크라이나어를 배우면서 갖게 되는 첫 번째 질문일 것이다. 그런데 이 질문에는 명쾌한 해답이 존재하지 않고, 아직도 여러 가지 가설이 제시되며 학자들 사이에서 논의 되고 있다. 우크라이나 및 러시아, 벨라루시의 최초 국가로 이해되고 있는 키이우 루스(9-13세기 중반)의 붕괴 이후 우크라이나는 리투아니아, 폴란드, 러시아제국 등 여러 민족들에 의해 통치되면서 자신의 역사 정통성을 인정받지 못해 왔으며, 이와 같은 맥락에서 우크라이나어도 독립된 민족어라기 보다는 러시아어의 방언 정도로 인식되어 왔다. 이와 같은 우크라이나 역사와 언어사에 대한 왜곡되고 편향된 시각에 대항해 일부 우크라이나 및 서방 학자들은 우크라이나 민족주의적 시각을 발전시켜왔다.

러시아 중심적 시각에서 본 우크라이나어의 계보도

우크라이나어는 크게는 '인도-유럽어'에 속하며, '발틱-슬라브-독일어'와 같은 가지에서 발전하여 '슬라브어'라는 독자적인 가지로 발전해 나온 것으로 설명이 된다. 이때 슬라브어의 원형이라는 의미에서 '원(原) 슬라브어'(Proto-Slavic language)라고 이름을 붙인다. 일부 학자들은 '원형 슬라브어'에서 더 발전하여 '남슬라브어'(South Slavic language), '서슬라브어'(West Slavic language), 그리고 '동슬라브어'(East Slavic language) 혹은 '원형 러시아어(고대 러시아어)'가 발전하게 된다고 설명한다. 이와 같은 계보의 틀 속에서 우크라이나어는 어디에 속하게 되는가? 우크라이나어의 기원을 설명하기 위해 크게는 세 가지의 가설이 제시되고 있다.

- **원(原) 러시아어(Proto Russian Language)에서 기원**

원 슬라브어 → 원 러시아어(혹은 고대러시아어) → 대러시아어, 우크라이나어, 벨라루시어

18세기 중반 러시아의 학자 미하일 로마노소프에 따르면, 키이우 루스 시기에 원형 러시아어(Proto–Russian)가 만들어지고, 여기에서 대 러시아어, 우크라이나이, 벨라루시어가 피생되어 나왔디고 보고 있다. 우크라이나어는 키이우 루스가 멸망한 이후 이 지역에 살던 사람들이 폴란드어의 영향을 받으며 발전시킨 언어로서 대 러시아어와는 다르게 발전해 갔다는 것이다. 이와 같은 시각이 제정 러시아 정부에 의해 수용되어 러시아어 동화정책의 이론적 기반이 되었고, 급기야는 1876년 엠스칙령을 통해 우크라이나어사용을 불법화시키게 되었다.

• **공통된 원형의 동 슬라브어(Proto East Slavic Language)에서 기원**

원 슬라브어 → 동슬라브어 → 러시아어, 우크라이나어, 벨라루시어

원 슬라브어에서 발전하여 동슬라브어가 형성이 되고, 여기서 러시아어, 우크라이나어, 벨라루시어가 발생하게 된다는 가설이다. 언제 러시아어와 우크라이나어가 달라지게 되는가에 대해서는 여러 가지 견해가 존재하는데, 이미 키이우루스 시기(9세기) 이전에 동슬라브어가 사용되다가, 여러 작은 공국들이 존재했던 키이우 루스 시기(12세기)에 언어의 차이가 발생했다는 주장도 있고, 14~16세기 폴란드 리투아니아 공국의 지배를 받으면서 우크라이나어가 발생했다는 주장도 있다.

• **원 슬라브어(Proto Slavic Language)에서 기원**

원 슬라브어 → 러시아어, 우크라이나어, 벨라루시어

우크라이나 민족주의자적 시각으로서 키이우 루스 건립(9세기) 이전 이미 러시아어, 우크라이나어의 차이가 발생했다고 보고 있다. 이와 같은 시각을 주장하는 학자들에는 아하탄 헬 크림스키(Ahathanhel Krymskyi)와 알렉씨 샤흐마토프(Alexi Shakhmatov) 등이 있다. 이 시각을 통해 우크라이나어는 '원 러시아어(고대 러시아어)' 혹은 '원 동슬라브어' 가 아닌 '원 슬라브어' 에서 직접 발전해 나왔다고 설명된다. 결국 우크라이나어의 역사성, 독자성을 강조하는 시각이다.

Другий урок

2 Що це?

이것이 무엇입니까?

우크라이나 대통령 가족 사진

Діалóг : Що це? / Хто це?

Стівен: Дóбрий день, Тарáсе!
도브르이 덴, 따라쎄

Тарас: Добри́день, Сті́вене!
도브르이덴, 스띠베네

Стівен: Тарáсе, що це?
따라쎄, 쉬초 쩨

Тарас: Це газéта.
쩨 하제따

Стівен: А це тáкóж газéта?
아 쩨 따꼬쥐 하제따

Тарас: Ні, це не газéта.
니, 쩨 네 하제따

Це журнáл.
쩨 주르날

Стівен: А то газéта?
아 또 하제따

Тарас: Так, то газéта.
딱, 또 하제따

스티븐이 사진을 보며 말한다.

Стівен: Тарáсе, хто це?
따라쎄, 흐또 쩨

Тарас: Це президéнт.
쩨 쁘레즈이덴뜨

Стівен: А то хто?
아 또 흐또

Тарас: То йогó дружи́на.
또 이오호 드루쥐나

Стівен: Дя́кую, Тарáсе.
댜꾸유 따라쎄

Тарас: Прóшу.
쁘로슈

안녕, 타라스
안녕, 스티븐
타라쓰, 이게 뭐니?
이것은 신문이야.
그러면, 이것도 신문이니?
아니, 이것은 신문이 아니야.
이것은 잡지야.
그러면 저것이 신문이니?
맞아, 저것이 신문이야.

타라스야, 이분이 누구니?
이분은 대통령이야.
그러면 저분은 누구니?
저분은 그의 부인이셔.
고마워, 타라스.
천만에.

단어 익히기

Словник	Vocabulary	단 어
Тарáсе!	Taras	타라스야! (n,남성, 단수, 호격)
газéта 하제따	newspaper	신문 (n, 여성, 단수, 주격)
журнáл 주르날	journal, magazine	잡지 (n, 남성, 단수, 주격)
це 쩨	this	이것 (지시대명사)
то 또	that	저것 (지시대명사)
тáкóж* 따꼬쥐	also	또한, 역시 (ad)
ні 니	no	아니요
не 네	not	않다, 아닌
чи 츠이	or	혹은
хто 흐또	who	누구 (의문대명사)
президéнт 쁘레즈이덴뜨	president	대통령 (n, 남성, 단수, 1격)
йогó 이오호	his	그의 (소유대명사)
дружи́на 드루쥐나	wife	아내, 부인 (n, 여성, 단수, 1격)
дя́кую (дя́кувати) 다꾸유	thank you	고맙습니다. (v, 동사의 1인칭)
прóшу 쁘로슈	you are welcome, please	천만에요, 부탁합니다.

* тáкóж는 강세가 모음 a 혹은 o에 올 수 있다.
  발음할 때는 둘 중 한 곳에만 강점을 두어 발음하면 된다.

대화문장의 이해

1. Tapáce!, Cті́вене! (타라스야!, 스티븐아!) 호격

호격은 사람이나 물건, 사물을 '~야' 라고 부를 때 쓰이는 격으로 사람의 이름이나 명사의 어미를 아래와 같이 변화시켜 만든다.

• 남성

이름 혹은 명사의 종결어미	어미의 변화 혹은 삽입	예
– 자음	어미에 - е 삽입	Іван → Іване
- й	- й 를 - ю 로 교체	Андрій → Андрію
- а	- а 를 - о 로 교체	Микола → Миколо
- о	- о 를 - е 로 교체	Михайло → Михайле
- ко	- о를 - у 로 교체	Марко → Марку
- ь	- ь 를 - ю 로 교체	Василь → Василю
- к, -г, -х	- у 를 삽입	співак → співаку, цвях → цвяху, сніг → снігу, крик → крику, сміх → сміху
- р	- ю를 삽입	Ігор → Ігорю

• 여성

이름 혹은 명사의 종결어미	어미의 변화 혹은 삽입	예
- а	- о	пані* Ліда → пані Лідо
- ія	- є	Марія Поліщук** → Маріє Поліщук
- я	- е, -ю	Оля → Олю
- жа	- же	рожа → роже

*пані는 Mrs. 혹은 Ms.를 의미하며, 호격 변화를 하지 않는다.

**이름의 호격에서 성은 변화하지 않는다.

- 중성

명사의 종결어미	어미의 변화 혹은 삽입	예
- о	없음	слово → слово
- е	없음	місце → місце
- я	없음	питання → питання

2. Що це?(이것이 무엇입니까?) / хто це?(이 사람은 누구입나까?)

- 'що' 와 'хто' 는 각각 '무엇' 과 '누구' 를 의미하는 의문대명사이다.
- 'це' 와 'то' 는 각각 '이것(들)' 과 '저것(들)' 을 의미하는 지시대명사이다.
- 'Що це?' 와 'хто це?' 의 문장에는 '~이다' 를 의미하는 동사 'є' 가 생략되어 있다.

예문

Що це? 이것은 무엇인가?
쉬초 쩨

Це мій автомобіль. 이것은 내 차이다.
쩨 미이 아우또모빌

Що то? 저것은 무엇인가?
쉬초 또

То мій автомобíль. 저것은 내 차이다.
또 미이 아우또모빌

Хто це? 이 사람(들)이 누구인가?
흐또 쩨

Це студéнти. 이들은 학생들이다.
쩨 스뚜덴뜨이

Хто то?
흐또 또

저 사람(들)은 누구인가?

То студе́нти.
또 스뚜덴뜨이

저 사람들은 학생들이다.

3. 'ні' 와 'не' (부정문의 표현)

- 'ні' 는 상대방의 질문이나 표현에 대해 '아니오' 라고 대답할 때 문장의 앞에 쓴다.

예문

Ви його́ ба́чили? 브이 이오호 바츠일르이	(당신은 그를 보았습니까?)
Ні, я його́ не ба́чив. 니, 야 이오호 네 바츠이우.	(아니오, 나는 그를 못 보았습니다.)

- 'не' 는 문장 내 동사나 부사, 형용사 앞에 써서 부정문을 만들 때 사용한다.

예문

Я не зна́ю. 야 네 즈나유	(나는 알지 못한다)
Моя́ кімна́та не га́рна. 모야 낌나따 네 하르나	(내 방은 좋지가 않다)

4. Про́шу(천만에요)

'Про́шу' 는 동사 'проси́ти' 의 1인칭 형태로 원래의 뜻은 '부탁하다. 간청하다, 요청하다' 의 뜻이다. 그러나 구어체에서 'про́шу' 는 다음의 두 가지 의미로 사용된다.

- **'천만에요'** (you are welcome)

우크라이나어로 '감사합니다' 의 표현은 'Дя́кую' 혹은 'Ду́же дя́кую' 이다. 이에 대한 대답으로 '천만에요' 라고 말할 때 'Про́шу' (you are welcome)라고 한다.

• '제발' (please) 혹은 '~해 주세요' 의 의미

요청을 하기 위한 표현으로 서부 우크라이나에서는 'Прóшу' 를 사용하기도 한다. 동부 우크라이나에서는 같은 의미의 표준어인 'Будь лáска' 를 사용한다.

Будь лáска(Прóшу), говорíть повíльно.
쁘로슈, 호보릿 뽀빌노

제발, 천천히 말해주세요.

Будь лáска(Прóшу), не говорíть так швúдко.
쁘로슈, 네 호보릿 딱 쉬브이드꼬

제발, 그렇게 빨리 말하지 말아 주세요.

3단계

문법의 이해

1. 명사의 단수와 복수

제 1과에서 우크라이나어의 명사는 남성, 여성, 중성으로 나뉘어지며, 단수 명사는 다음과 같이 성이 구분이 된다고 배웠다.

–남성: 자음으로 끝나는 명사, ь 연음기호로 끝나는 명사

–여성: а, я로 끝나는 명사

–중성: о, е로 끝나는 명사

제 2과에서는 위에서 설명한 단수명사들이 복수에서는 어떻게 변하는지 알아보겠다. 명사의 복수화는 일정한 규칙에 따라 실행된다. 대체적으로 단수명사의 어미가 и, і, ї로 변화됨을 발견할 것이다.

• 단수 남성, 여성명사의 복수화

–마지막 자음이 경음일 경우 단어의 끝에 -и를 붙인다.

㉮ кімнáта → кімнáти, сад → садú

–단어의 끝에 연음기호 ь나 я, ю, є 등의 모음이 붙어 앞의 자음이 연 자음임을 보여줄 때, ь, я, ю, є를 떼어내고 і를 붙여 복수를 만든다.

㉮ вітáльня → вітáльні, учúтель → учителí

–ж, ч, ш, щ, ц로 끝날 때 어미에 і를 붙여 복수를 만든다.

㉮ кущ → кущí

–й 혹은 я로 끝나는 명사는 й와 я를 ї로 대치시켜 복수를 만든다.

㉮ гай → гаї́, шия́ → шиї́

• **예외적인 명사의 복수형**

–друг → дрýзі, квíтка → квíти

–англíєць → англíйці, будúнок → будúнки

–стілéць → стільцí, ґáнок → ґáнки

–олівéць → олівцí, день → дні

• **중성명사의 복수화**

–о로 끝나는 명사는 о를 а로 변화시켜 복수명사를 만든다.

㉮ вікнó → вíкна, селó → сéла, дéрево → дерéва

–е로 끝나는 명사는 е를 а(경자음 뒤), я(연자음 뒤)로 변화시켜 복수명사를 만든다.

㉮ прíзвище → прíзвища, мóре → моря́

2. 문장의 구조: 평서문과 의문문 만들기

• **평서문의 구조**

우크라이나어의 기본적인 문장 구조는 영어와 유사하여, '주어+술어'로 되어 있다. 주어는 문장에서 주인이 되는 부분이며, 술어는 주어의 행위, 상태, 성질 등을 나타내게 된다.

예문

Це газéта. 이것은 신문이다.
쩨 하제따

Це журнáл. 이것은 잡지이다.
쩨 주르날

• **의문문의 구조**

의문문은 의문사를 사용하여 만드는 문장과 의문사를 사용하지 않고 만드는 경우가 있다.

• **의문사가 있는 의문문의 구조**

의문대명사 що, хто, якйй(무엇, 누구, 어떤) 등과 의문관계부사인 де, колú, як(어디, 언제, 어떻게) 등을 문장의 앞에 두어 만든다.

예문

Що це? 이것이 무엇인가?
쉬초 쩨

Хто це? 그는(그녀는, 이 사람은) 누구인가?
흐또 쩨

Колú ти летúш до Украї́ни? 너는 언제 우크라이나로 비행기 타고가?
꼴르이 뜨이 레뜨이쉬 도 우크라이느이

Якúй це день? 이날이 언제이지?
약끄이 쩨 덴

Де студéнти? 어디에 학생들이 있니?
데 스뚜덴뜨이

Як ви почувáєтеся? 몸이 어떻습니까?
약 브이 뽀추바예떼쌰

• **의문사가 없는 의문문**

의문사가 없는 의문문은 보통 'Чи'를 문장 앞에 써서 만들며, 이때 чи는 아무 의미가 없이 문장이 의문문임을 나타내게 된다.

예문

Чи це твоє́ ім'я́? 이것이 당신의 이름입니까?
츠이 쩨 뜨보예 임야

Чи це прáвда? 이것이 사실입니까?
츠이 쩨 쁘라브다

또한 'Чи' 없이도 의문문을 만들 수 있는데, 문장의 끝 부분 억양을 올려 의문문임을 나타낸다.

예문

Він студéнт. 그는 학생이다.
빈 스뚜덴뜨

Він студéнт? 그가 학생입니까?
빈 스뚜덴뜨

상식코너

방문예절: 집으로의 초대

여러분들이 우크라이나인들의 집에 초대되어 집안에 들어갈 때, 주인은 신발을 신고 들어오라고 다음과 같이 권유하곤 한다.

Не тре́ба зніма́ти взуття́.(신발을 벗을 필요가 없어요).

그러면 다음과 같이 말하며 신발을 가지런히 벗어 입구 쪽에 놓아야 예의 바른 행동이다.

Ні, я так кра́ще почува́юся.

(아닙니다. 제가 그렇게 하는 게 마음이 편합니다).

그러나 주인이 계속해서 신발을 벗을 필요가 없다고 얘기 한다면 벗지 않고 들어가는 것이 오히려 예의일 것이다. 보통 주인이 슬리퍼를 제공하지만, 본인의 슬리퍼를 가지고 가는 것도 좋은 방법이다.

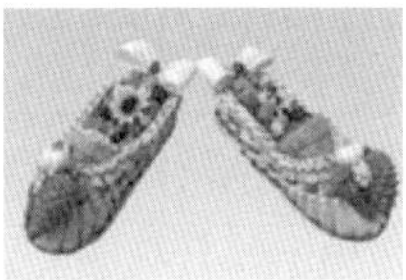

선물

조그마한 선물이나 꽃을 가지고 가는 것이 상례이다. 초콜렛이나 포도주 등이 좋은 선물이며, 꽃송이는 반드시 홀수로 가지고 가야 한다.

앉는 자리

우크라이나인들은 대부분 아파트에 거주하며, 아파트는 그리 크지 않은 편이다. 따라서 보통 초대되면 바로 식사 대접에 들어가는 경우가 많아 식탁에 앉게 된다. 주인이 권하는 장소에 앉는 것이 예의인데, 혹시라도 식탁의 모서리에 앉지 않도록 해야 한다. 우크라이나인들의 미신에는 특히 미혼인 남녀들이 모서리에 앉을 경우 결혼이 늦어진다는 말이 있다.

문화의 이해

우크라이나어인들의 성 (姓)

모든 민족에게 있어 사람의 성은 여러 가지 의미를 함축한다. 한 사람의 성은 그 사람이 속한 가족의 기원과 가문의 특성, 신분, 출신성분, 혈통, 종족의 배경, 직업을 반영하고, 더 나아가 문화권의 교류 및 영향, 시대적 변화를 나타낸다. 따라서 한 민족의 이름, 특히 성의 연구는 그 만큼 학문적 가치가 있다고 하겠다.

우크라이나에서 사람들의 성은 이미 오래 전부터 사용되었을 거라고 추측이 된다. 현재 사용되고 있는 성들은 18세기 말과 19세기 초 사이에 만들어 진 것으로 파악이 되고 있는데, 18세기 말부터 관료주의가 확산이 되고 정부에서 국민들의 가계와 배경을 추적, 관리할 필요성이 증대하면서 사람들이 성을 갖게 된 것으로 추정하고 있다. 18세기 이전 귀족들은 이미 성을 가져왔던 것으로 밝혀지고 있으나 농민, 하층민 사이에서는 일반적으로 고정된 성을 갖고 있지 않았다고 한다. 따라서 이름과 부칭 정도만이 사용되었을 것으로 예측이 되는데, 예를 들어 한 마을에 'Андрій'(안드리)라는 이름을 가진 사람이 둘 있었을 경우 부칭을 사용하여 Андрій Іванович(이반의 아들 안드리) 혹은 Андрíй Степáнович(스테판의 아들 안드리)라고 구분했을 것으로 추정한다. 실제로 평민들에게 성이 부여된 것은 18세기 말 이후라고 한다.

우크라이나인들의 성은 일정한 구조적 특징을 갖는데, 접미사(Suffixes) -ук, -юк, -чук, -ів, -ин, -енко 등을 붙여 Крафчук, Павлюк, Ілків, Шевченко 등과 같은 성들이 만들어졌다고 한다. 우크라이나인들의 성들은 다음과 같은 여러 방법으로 만들어졌다.

• **부모, 조부모 이름(first name)을 개조, 수정하여 만들어진 성들**

영어식 이름인 Peterson, Davidson, Richardson은 Peter, David, Richard의 이름에 son이라는 접미사를 붙인 것이다. 이 이름들은 아버지의 이름에 접미사 son을 붙여 누구의 아들임을 말해주는 것이다. 이와 같이 우크라이나에서도 아버지의 이름에 '~의 아들'을 의미하는 접미사 -ук, -чук(서부 우크라이나), -енко(동부 우크라이나), -ович, -ак, -ец, -івор, -ин(다른 지역) 등을 붙여 성을 만들었다. 예를 들어, Андрій라는 부모나 조부모의 이름에 다양한 접미사를 붙여 Андрияш, Андрієц, Андрусичин, Андрухович 등의 성을 만들었다. 이외에도 Данило라는 이름에서 Данчук, Данилишин, Даниленко의 성이 만들어 졌으며, Павло라는 이름에서 Павлович, Павлюк의 성이, 그리고 Роман이라는 이름에서는 Романюк, Романко 등의 성이 만들어졌다고 한다.

• **사람들과의 관계를 반영하는 성**

우크라이나의 일부 성에는 사람들과의 관계를 반영하는 것이 있는데, 그 대표적인 예가 Приймак이다. Приймак은 자신의 부인가족과 사는 사람을 부르던 말로서 사람의 성이 되었다.

• **소유한 직업 혹은 사회적 위치를 표현하는 성**

영어의 Taylor, Cooper, Cartwright, Wheeler 등은 사람의 직업에서 유래된 성들이다. 이와 같이 우크라이나에서도 소유한 직업이나 사회적 위치를 표현하는 성들이 있다. 예를 들어 Боднар, Боднарук는 술장수, 통제조업자와 관련된 성들이며, Коваль, Ковальчук은 금속세공인, 대장장이, Купченко는 상인과 관련된 성들이다. 이외에도 Кравець, Кравців, Кравченко, Кравчук 등은 재단사를, Мельник은 방앗간 주인을, 그리고 Шевчук과 Шевченко는 구두수선공을 나타내는 직업과 관련이 있다.

• **종족의 기원(Ethnic origin)을 나타내는 성**

일부 성은 사람들의 종족과 혈통을 반영한다. Бойко, Бойчук은 우크라이나내 보이코 지역의 출신들을 의미하며, Москалик은 모스크바계, 러시아인을 말한다. Німчук은 독일계를 나타내는 성이며, Татарин은 타타르계, Венгринович는 헝가리계를 의미하는 성이다.

• **출신지역을 나타내는 성**

사람의 출신지역을 나타내는 성들도 있다. Галицький(Галіски)는 우크라이나의 할르이치(Галич) 도시 출신을 의미하며, Подолян(Подолан)은 Podillia (lowlands) 출신을, Поліщук은 뽈리쌰(Полісся) 출신을, 그리고 Дончик은 돈(Дон)출신을 의미하는 성들이다.

• **신체적 특성에서 유래된 성**

사람들의 신체적 특성에서 유래된 성들도 있는데, 예를 들어 Балан은 금색

머리(blond)를 가진 사람을 의미하며, Білий, Білик은 '하얀' 혹은 '창백한 안색' 을 가진 사람을 의미한다. Дзьоба, Дзюба는 '매부리코' 를 의미하는 성이고, Шостак은 '여섯 손가락을 가진 사람' 을 의미하는 단어에서 유래된 성이라고 한다.

이 외에도 행위의 특징에서 유래된 성들, 동물들의 이름과 관련된 성들, 코자크의 애칭(nick name)에서 유래된 성들, 그리고 종교에서 유래된 성들 등 다양한 방법으로 만들어진 성들이 존재한다.

우크라이나 전쟁포스터

2022년 2월 24일 러시아의 우크라이나 침공이 시작되자 키이우 국립문화예술대학(Kyiv National University of Culture and Arts)과 키이우 문화대학(Kyiv University of Culture)의 그래픽 디자인학과 교수와 학생들은 "창의적 저항"이라는 프로젝트를 조직했다.

본 프로젝트에 참여한 디자이너들은 러시아의 침략에 저항하고 보편적 민주주의와 애국적 입장을 견지하며 포스터 제작을 했다. 이들은 총과 칼 대신 자신들의 예술성과 창의력을 이용하여 우크라이나인들의 목소리를 포스터에 표현했다. '1일 1포스터 제작' 이라는 계획으로 전쟁발발 이후 계속해서 포스터를 창작하며 러시아 침략에 대한 창의적 저항을 지속해왔다.

국내에서는 한국외대 우크라이나어과 주관으로 2023년 5월중에 포스터 전시회를 개최했다. 전쟁의 폭력성과 반 인류적 전쟁범죄를 고발하고, 인권과 민주주의, 자유, 주권 보장의 중요성을 강조하는 순회 전시회를 통해 우리 모두가전쟁에 대한 우크라이나인들의 입장, 고통과 분노, 결의, 미래의 희망과 비전에 대해 이해하고 함께 종전과 평화를 기원할 수 있게 되길 바란다.

Третій урок

3

Моя́ роди́на

나의 가족

Діало́г: Яка́ га́рна роди́на!

Стівен: Чия́ це фотогра́фія?
츠이야 쩨 포또흐라피야

Тарас: Це моя́ роди́на.
쩨 모야 로드이나

Стівен: Це твій ба́тько?
쩨 뜨비 바띠꼬

Тарас: Так, це мій ба́тько.
딱, 쩨 미이 바띠꼬

Стівен: Яка́ його профе́сія?
쁘로페씨야

Тарас: Він профе́сор.
빈 쁘로페쏘르

Стівен: А хто це?
아 흐또 쩨

Тарас: Це моя́ ма́ма.
쩨 모야 마마

Вона́ матема́тик.
보나 마떼마뜨이끄

Стівен: А це твоя́ моло́дша сестра́?
아 쩨 뜨보야 몰로드샤 쎄쓰뜨라

Тарас: Так, це моя́ моло́дша сестра́.
딱, 쩨 모야 몰로드샤 쎄쓰뜨라

Її ім'я Окса́на. Вона музика́нт.
이이 임야 옥싸나. 보나 무즈이깐뜨

Стівен: А хто це?
아 흐또 쩨

Тарас: Це мій брат Андрі́й.
쩨 미이 브라뜨 안드리이

Він переклада́ч.
빈 뻬레끌라다츠

Стівен: Яка́ га́рна роди́на!
야까 하르나 로드이나

Тарас: Дякую́. Я їх ду́же люблю́.
댜꾸유. 야 이흐 두줴 류블류

이게 누구의 사진이니?
이건 나의 가족이야.
이분이 너의 아버지시니?
맞아, 이분이 나의 아버지야.
그의 직업이 무엇이시니?
그는 교수시지.
그러면 이분은 누구시니?
이분은 나의 어머니셔. 수학자이시지.
그리고 이 사람은 너의 여동생이니?
맞아. 걔가 내 여동생이야.
이름은 옥사나야. 음악가지.
그러면 이 사람은 누구니?
이 사람은 내형 안드리야.
그는 통역가야
너는 정말 아름다운(좋은) 가족을 가졌구나!
고마워. 나는 그들을 매우 사랑해.

단어 익히기

Словник	Vocabulary	단 어
чудо́вий (a, e, i)	beautiful	아름다운(a, 1격)
фотогра́фія	photograph	사진(n, 여성, 단수, 1격)
чий, чия́, чиє́ / чиї́	whose	누구의 (의문대명사, 단수 / 복수)
роди́на	family	가족(n, 여상, 단수, 1격)
так	yes	예, 네, 맞아요.
ба́тько	father	아버지(n, 남성, 단수, 1격)
профе́сія	profession	직업(n, 여성, 단수, 1격)
ма́ма	mom	엄마(n, 여성, 단수, 1격)
математи́к	mathematician	수학자(n, 남성, 단수, 1격)
моло́дший(a, e, i)	younger	더 어린, 더 젊은 (형용사의 비교급)
сестра́	sister	누나, 여동생 (n, 여성, 단수, 1격)
ду́же	very	매우 (ad)
ста́рший(a, e, i)	older	더 나이 많은 (형용사의 비교급)
переклада́ч	translator, interpretor	번역가, 통역가 (n, 남성, 단수, 1격)
га́рний(a, e, i)	good, beautiful	좋은, 아름다운 (a)
їх	them	그들 (인칭대명사 вони의 4격)
(Я) люблю* (원형 люби́ти)	(I) love	(나는) ~을 많이 좋아한다.

***참고)**

'люби́ти' 는 '많이 좋아한다' 라는 의미를 가지며, 가족간, 친구간에 사용가능하고, 운동이나 공부 등을 좋아한다고 할 때도 사용된다. 그런데 이성간에 사랑한다고 말할 때는 коха́ти를 사용한다. 예) ми коха́ємо одне́ о́дного (우리는 서로 사랑한다).

대화문장의 이해

1. Це моя́ роди́на(이것은 나의 가족이야)

가족을 의미하는 우크라이나어에는 'роди́на'와 'сім'я'가 있다. 우크라이나어로 가족의 구성원 용어를 보면 다음과 같다.

가족구성원을 나타내는 용어

- 할아버지: діду́сь (дід)
- 할머니: бабу́ся (ба́ба)
- 아버지: ба́тько (та́то)
- 어머니: ма́ти (ма́ма)
- 남편: чолові́к
- 아내: дружи́на
- 형(아우): брат
- 누나(여동생): сестра́
- 딸: до́нька (дочка́)
- 아들: син
- 손자: ону́к
- 손녀: ону́чка

출처: https://www.freepick.com

2. Яка́ його́ профе́сія? (그의 직업은 무엇입니까?)

당신의 직업과 전공이 무엇인가를 묻는 표현은 다음과 같다.

- Яка́ ва́ша(її́, його́, ї́хня) профе́сія?
  What is your(her, his, their) profession?
  당신(그녀의, 그의, 그들의)의 직업이 무엇입니까?

• Хто він за фáхом?

What is his major?

그의 전공이 무엇입니까?

3. 직업을 나타내는 용어들

• 직업을 물어 보는 질문인 Якá вáша профéсія?에 대해 다음과 같은 직업의 용어들을 사용하여 대답할 수 있다.

Я ...	I am ...	나는... 이다.
актóр (актри́са)	actor	배우
архітéктор	architect	건축가
безробі́тний (-а)	unemployed	비고용
бізнесмéн (діловá жі́нка)	businessperson	비즈니스맨
бухгáлтер	accountant	회계사
військóвий	soldier	군인
водíй	driver	운전사
журналі́ст (журналі́стка)	journalist	기자
інженéр	engineer	엔지니어
кýхар	chef	주방장
листонóша	postman	우체부
лі́кар	doctor	의사
медбрáт (медсестрá)	nurse	간호사
міліціонéр	police officer	경찰
моря́к	sailor	선원
музикáнт	musician	음악가
наукóвець	scientist	과학자
офіціáнт (офіціáнтка)	waiter (waitress)	웨이터
пенсіонéр (пенсіонéрка)	retired	퇴직자, 연금수령자
перекладáч (перекладáчка)	translator, interpretor	번역가, 통역가
працівни́к óфісу (працівни́ця óфісу)	office worker	사무실 직원

письме́нник (письме́нниця)	writer	작가
секрета́р (секрета́рка)	secretary	비서
студе́нт (студе́нтка)	student	학생
тесля́р	carpenter	목수
учи́тель (учи́телька)	teacher	선생님
фе́рмер	farmer	농부
худо́жник (худо́жниця)	artist	예술가
юри́ст	laywer	법률인

문법의 이해

1. 의문대명사 чий, чия́, чиє́, чиї́ (단수 : 남성, 여성, 중성/복수)

소유의 관계를 규명하는 영어 'whose'(누구의)와 같은 역할을 하는 의문대명사 чий, чия́, чиє́는 뒤에 따르는 명사의 성, 수와 격의 영향을 받는다.

- **남성명사가 뒤에 올 경우,**

  Чий це оліве́ць? Мій.(Whose pencil is this? Mine)

  이것은 누구의 연필입니까? 내 것입니다.

- **여성명사가 뒤에 올 경우,**

  Чия́ це кни́га? Моя́.(Whose book is this? Mine)

  이것은 누구의 책입니까? 내 것입니다.

- **중성명사가 뒤에 올 경우,**

  Чиє́ це ім' я́? Моє́.(Whose name is this? Mine)

  이것은 누구의 이름입니까? 내 이름입니다.

• 복수명사가 뒤에 올 경우,

Чиї́ це кві́ти? На́ші.(Whose flowers are these? Ours)

이것은 누구의 꽃들입니까? 우리의 것입니다.

2. 성질 형용사

• 성질 형용사는 문장에서 명사의(좋은, 나쁜, 아름다운, 작은, 푸른 등의) 성질을 설명하는 역할을 한다.

• 성질 형용사는 수식하는 명사의 성과 수에 따라 형태를 변화한다.

• 형용사는 어미 변화의 방식에 따라 다음 두 가지로 나뉜다.

–경변화 형용사: 형용사의 어근이 경음으로 끝나 어미에 -ий, -а, -е 어미가 붙는 형용사: 예 га́рний, га́рна, га́рне

–연변화 형용사: 형용사의 어근이 연음으로 끝나 어미에 -ій, -я, -є 어미가 붙는 형용사: 예 си́ній, си́ня, си́нє

성과 수	단수			복수
	남성	여성	중성	
성질	яки́й (어떠한)	яка́	яке́	які́
경변화 형용사	га́рний буди́нок 아름다운(좋은) 빌딩	га́рна ді́вчина 아름다운(좋은) 여자	га́рне не́бо 아름다운 하늘	га́рні лю́ди 아름다운(좋은) 사람들
	зеле́ний олíве́ць 녹색의 연필	зеле́на ла́мпа 녹색의 전등	зеле́не по́ле 녹색의 들판	зеле́ні я́блуки 녹색의 사과 안 익은 사과
연변화 형용사	си́ній олíве́ць 푸른색의 연필	си́ня ла́мпа 푸른색의 전등	си́нє не́бо 푸른색의 하늘	си́ні плащі́ 푸른색의 우비

• 위의 표에서 'га́рний'와 'си́ній'의 어근이 모두 'н'으로 끝남을 알 수 있다. 그러나 'н'이 발음되는 위치가 입 속에서 다르다. 다시 말해, 앞에서도 설명했

듯이 'гарний' 에서 'н' 은 경음으로 혀를 윗니에 대고 내는 소리임에 반해, 'синій' 의 'н' 은 입천장의 중간 부분을 향해 혀를 둥그렇게 대고 입을 강하게 긴장시키면서 발음하게 되는 연자음이다. 따라서 형용사의 어근이 경자음으로 끝날 때에는 -ий(а, е, і)를 붙이고, 연자음일경우에는 -ій(я, є, і)를 붙이게 된다.

- 보통 형용사는 명사의 앞에 위치하나, 명사 뒤에 위치하여 서술적 용법으로 사용되기도 한다.

㉮ Ді́вчина га́рна.(The girl is beautiful) 소녀는 아름답다.

3. 부사

- 부사는 동사를 수식하여 정도를 나타낸다.
- 우크라이나어의 부사는 형용사 어미 -ий(а, е)를 제거하고 '-о' 나 '-е' 를 붙여 만든다.

- 어미 -о가 붙는 경우:

га́рний(beautiful) → га́рно(beautifully) 아름답게, 잘
прие́мний(pleasant) → прие́мно(pleasantly) 기쁘게, 반갑게

㉮ Він га́рно говори́ть украї́нською мо́вою.
빈 하르노 호보르잇 우크라인스꼬유 모보유
그는 우크라이나어를 잘 말한다.

- 어미 - е가 붙는 경우:

до́брий(good) → до́бре(well) 잘

㉮ Як спра́ви?(어떻게 지내죠?) Ду́же до́бре.(아주 잘 지냅니다.)
약 스쁘라브이 두줴 도브레

4. 동사의 현재 인칭변화

• 모든 동사의 원형은 -ти로 끝난다.

예 захóдити(to come in), сідáти(to sit)

• 우크라이나어 동사의 현재형은 현재의 상태나 동작을 나타낸다.

• 우크라이나어 동사의 현재형은 주어(я, ти, він, вона, ми, ви, вони)에 따라 변화한다.

• 현재형 동사의 제 1 식변화(-е, -уть / -є, -ють 그룹):

제1식변화의 중요한 특성은 동사의 어근(동사 원형에서 어미 '-ти' 앞에 위치한 부분)이 자음으로 끝날 경우 -у, -еш, -е, -емо, -ете, -уть가 붙으며, 모음으로 끝날 경우 -ю, -єш, -є, -емо, -єте, -ють가 붙는 것이다.

인 칭	단 수		복 수	
1인칭	Я	-у / -ю	Ми	-емо /-ємо
2인칭	Ти	-еш /-єш	Ви	- ете/-єте
3인칭	Він, вона, воно	-е /-є	Вони	-уть /-ють

아래에는 규칙적으로 격변화하는 동사의 예들이다.

• 동사의 어근이 자음으로 끝나는 경우(-е, -уть 그룹)

	нести́(들고 가다)	везти́(운반하다)	пáсти(방목하다)
Я	несу́	везу́	пасу́
Ти	несéш	везéш	пасéш
Він (Вона, Вони)	несé	везé	пасé
Ми	несемó	веземó	пасемó
Ви	несетé	везетé	пасетé
Вони	несу́ть	везу́ть	пасу́ть

• 동사의 어근이 모음으로 끝나는 경우(-є, -ють 그룹)

	зна́ти(알다)	сіда́ти(앉다)	дя́кувати (고마워하다)
Я	зна́ю	сіда́ю	дя́кую
Ти	зна́єш	сіда́єш	дя́куєш
Він (Вона, Вони)	зна́є	сіда́є	дя́кує
Ми	зна́ємо	сіда́ємо	дя́куємо
Ви	зна́єте	сіда́єте	дя́куєте
Вони	зна́ють	сіда́ють	дя́кують

예문

Він несе́ во́ду. (그는 물을 들고 간다, 혹은 들고 가고 있다)
Вони́ несу́ть стіл. (그들은 책상을 들고 간다, 혹은 들고 가고 있다)
Він везе́ де́рево на во́зі. (그는 나무를 짐수레로 나르다, 혹은 나르고 있다)
Га́нна пасе́ бара́нів. (한나는 양들을 방목한다, 혹은 방목하고 있다)
Він зна́є його́. (나는 그 사람을 안다)
Він сіда́є на коня́. (그는 말에 타 앉는다, 혹은 앉고 있다)
Вони дя́кують вам. (그들은 당신께 감사한다, 혹은 감사하고 있다)

출처: https://www.freepick.com

상식 코너

우크라이나 이름의 지소형(애칭형)

이름의 지소형이란 영어로 "diminutive form"으로 이름을 작고, 정교하고, 귀엽고, 사랑스러운 형태로 표현하기 위해 사용한다. 일반 명사와 모든 사람들의 이름은 지소형을 가질 수 있다. 지소형은 이름을 나타내는 단어의 끝부분을 변화시킴으로써 만들어 진다. 예를 들어, ві́тка(나뭇가지)의 끝 부분을 바꾸어 віточка로 하면, 작은 나뭇가지라는 의미의 단어가 만들어 진다.

일부 지소형은 원 뜻과 다른 의미를 가질 수도 있게 된다. 예를 들어, кума́는 영어의 godmother로 천주교의 세례식이나 혼례식에서 정신적 어머니의 역할을 하는 사람이다. 그런데 кума́를 지소형으로 만들어 ку́мушка, кума́ся로 할 경우 의미가 변해서 수다장이(gossipmonger)가 되어 버린다. 아마도 이는 일상 속에서 대모가 정신적 어머니의 역할을 한다는 이유로 잔소리를 많이 하는 사람이 될 수 있음을 풍자적으로 표현하는 것이 아닌가 싶다.

- 일반적으로 우크라이나 이름의 지소형을 만드는 법은 다음과 같다.

  이름의 어근 + іш: ㉮ Марі́я - Марі́ш

  이름의 어근 + ка: ㉮ Марі́ш - Марі́шка

  (Марі́ш 지소형의 지소형)

- 이 외에도 다음과 같은 예들이 있다.

  Е́ва 의 애칭들: Е́вка, Еву́ня, Євця

  Іва́н 의 애칭들: Іва́нко, Ва́ня

  Окса́на 의 애칭: Окса́нка

  Га́нна 의 애칭들: Га́нка, Га́нуш, Гану́ся

  Оле́на 의 애칭: Оле́нка

  Марі́я 의 애칭들: Марі́йка, Мару́ся, Мару́сенька

문화의 이해

가족관계를 나타내는 우크라이나 용어

Родинні зв' язки

하나의 언어에서 가족관계를 나타내는 용어들을 검토해 보면 그 민족의 가족관계와 구조뿐만 아니라, 더 나아가 그 사회의 인간관계까지도 짐작할 수 있게 한다. 우크라이나의 가족관계를 지칭하는 용어들은 한국의 그것과 매우 유사하여 복잡하고 세세하게 나누어져 있다. 다음에 소개된 용어를 통해 우크라이나의 가족관계와 구조를 배워보도록 하자.

Родинний зв' язок 가족관계	영어 / 한글	우크라이나어
남편의 아버지 Батько чоловіка	Father-in-law / 시아버지	Свекор
남편의 어머니 Мати чоловіка	Mother-in-law / 시어머니	Свекруха
남편의 형제 Брат чоловіка	Brother-in-law / 시동생, 시숙	Дівер
남편의 누나, 여동생 Сестра чоловіка	Sister-in-law / 형님, 동서	Зовиця
처의 아버지 Батько жінки	Father-in-law / 장인	Тесть
처의 어머니 Мати жінки	Mother-in-law / 장모	Теща
처의 오빠, 남동생 Брат жінки	Brother-in-law / 처남	Шурин [швагер]
처의 자매 Сестра жінки	Sister-in-law / 처제, 처형	Своячка
처 자매의 남편 Чоловік сестри	Brother-in-law / 처형	Зять

딸의 남편 Чоловік дочки	Son-in-law / 사위	Зять
오빠, 남동생의 처 Жінка брата	Sister-in-law / 올케	Невістка
아들의 처 Жінка сина	Daughter-in-law / 며느리	Невістка
남 / 여 형제의 아들 Син брата або сестри	Nephew / 조카	Племінник (небіж)
남 / 여 형제의 딸 Донька брата або сестри	Niece / 조카딸	Племінниця (небога)
어머니와 아버지의 여자 형제 Сестра батька, сестра матері	Aunt / 이모, 고모	Тітка
아버지와 어머니의 남자 형제 Брат батька, брат матері	Uncle / 삼촌 (작은아버지), 외삼촌	Дядько
(외)삼촌의 처 Жінка дядька	Aunt / 작은어머니, 외숙모	Тітка
(외)삼촌의 처 Жінка дядька	Aunt / 작은어머니, 외숙모	Дядина
이모 / 고모의 남편 Чоловік тітки	Uncle / 이모부	Дядько
이모 / 고모 / 삼촌의 아들 Син дядька або тітки	Cousin (male) / 사촌, 이종사촌	Двоюрідний брат (кузен)
이모 / 고모 / 삼촌의 딸 Дочка дядька або тітки	Cousin (female) / 사촌, 이종사촌 딸	Двоюрідна сестра (кузина)

서부 우크라이나어에서는 아버지쪽과 어머니쪽의 형제들을 지칭하는 용어가 다르다. В західній Україні розрізняють братів і сестер по материнській і батьківській лінії.		
아버지의 형제 Брат батька	Paternal uncle / 작은(큰)아버지	Стрий(стрийко)
어머니의 형제 Брат матері	Maternal uncle / 외삼촌	Вуйко [вуй]
아버지의 여자 형제 Сестра батька	Paternal aunt / 고모	Стрийна
어머니의 자매 Сестра матері	Maternal aunt / 이모	Вуйна
고모의 남편 Чоловік стрийни	Paternal aunt' s husband 고모부	Стрий(стрийко)
이모의 남편 Чоловік вуйни	Maternal aunt' s husband 이모부	Вуйко
삼촌의 처 Жінка стрия	Paternal uncle' s wife 작은어머니	Стрийна
외삼촌의 처 Жінка вуйка	Maternal uncle' s wife 외숙모	Вуйна

Четве́ртий уро́к

4 Га́рна кімна́та!

아름다운 방!

Діало́г: 스티븐이 타라스의 방을 방문하여 나누는 대화이다.

Стівен: У те́бе ду́же га́рна, сві́тла кімна́та.
우 떼베 두줴 하르나 스비뜰라 낌나따

Тут вели́кі ві́кна, м'які́, зручні́ ме́блі.
뚯 벨르이끼 비끄나, 먀끼, 즈루츠니 메블리

Тарас: Дя́кую. Вона́ не вели́ка, але́ зати́шна.
댜꾸유 보나 네 벨르이까 알레 자뜨이쉬나

Стівен: Це нічо́го. Моя́ кімна́та теж мале́нька.
쩨 니초호 모야 낌나따 떼쥐 말렌까

А де тут ку́хня?
아 데 뚯 꾸흐냐

Тарас: Вона там, ліво́руч.
보나 땀, 리보루츠

Стівен: Ти ма́єш чудо́ву ку́хню.
뜨 마예쉬 추도부 꾸흐뉴

Мені́ ду́же подо́бається твоя́ ку́хня.
메니 두줴 뽀도바옛쌰) 뜨보야 꾸흐냐

Тарас: Дя́кую. Ме́ні вона́ та́ко́ж подо́бається.
댜꾸유 메니 보나 따꼬쥐 뽀도바옛쌰

너는 정말 아름답고, 밝은 방을 가졌구나.
여기에는 큰 창들이 있고, 부드럽고, 안락한 가구들이 있네.
고마워. 이 방은 크지는 않지만 아늑해.
(작은 것은) 문제가 안돼. 내 방도 작아.
그런데 여기 어디에 부엌이 있니?
부엌은 저기 왼쪽에 있어.
너는 아름다운 부엌을 갖고 있구나.
너의 부엌이 내 마음에 쏙 든단다.
고마워. 나도 또한 마음에 들어.

단어 익히기

Словник	Vocabulary	단 어
світлий (a, e, i)	bright	밝은(a)
кімна́та	room	방(n, 여성, 단수, 1격)
вели́кий (a, e, i)	big	큰(a)
вікно́	window	창(n, 중성, 단수, 1격)
м' яки́й (a, e, i)	soft	부드러운(a)
зручни́й (a, e, i)	comfortable	편안한(a)
ме́блі (복수)	furniture (plural form)	가구들(n, 복수, 1격)
не вели́кий (a, e, i)	not big	크지 않은(a)
зати́шиний (a, e, i)	cosy	안락한(a)
це нічо́го	this is nothing	이것은 아무것도 아니다.
мале́нький (a, e, i)	small	작은(a)
ма́ти (маю, маєш, має, маємо, маєте, мають)	to have	갖다.(v)
ку́хня	kitchen	부엌(n, 여성, 단수, 1격)
ліво́руч	on the left	왼쪽에(ad)
право́руч	on the right	오른쪽에(ad)
мені́	to me	나에게 (인칭대명사 'я' 의 3격)
подо́бається (подобатися)	to please	마음에 들다.(v)

참고)

방이나 집을 구성하는 부분들에는 다음의 것들이 있다.

ва́нна(кімна́та): 샤워실, 목욕실

дитя́ча кімна́та: 아이 방

комо́ра: 광

коридо́р: 복도

туале́т: 화장실

спа́льня (кімната): 침실

две́рі: 문

대화문장의 이해

1. У тéбе гáрна кімнáта.('~를 가지고 있다': 소유의 표현)

두 가지 방식으로 소유의 표현을 할 수 있다.

① у + 인칭대명사의 생격 (мене, тебе 등) + (є) + 주격명사
(*인칭 대명사의 생격은 제 6과 문법의 이해에서 다시 설명한다.)

② 인칭대명사 (Я, Ти 등) + мати 동사 + 목적격 명사

• **인칭대명사의 생격**

인칭	단수 주격	단수 생격	복수 주격	단수 생격
1인칭	я	мене	ми	нас
2인칭	ти ви	тебе вас	ви	вас
3인칭	він	його	вони	їх
	вона	її		
	воно	його		

이 두 표현의 의미상 차이는 없으며, 다만 사용시 다른 격의 명사가 사용된다는 점에 유의하자.

У тéбе дýже гáрна, свíтла кімнáта.
너는 정말 아름답고 밝은 방을 가지고 있구나.

위의 문장에서 кімнáта가 격변화 없이 주격으로 사용되었음을 알 수 있으며, 명사를 수식하는 형용사들 гáрна, свíтла 또한 주격 여성형 어미 -а를 가졌음을 알 수 있다. 위의 문장을 мати 동사를 사용하여 바꾸면 다음과 같다.

Ти мáєш дýже гáрну, свíтлу кімнáту.

Мати 동사의 인칭변화, 명사의 목적격과 형용사의 어미변화는 아래 '문법의 이해' 에서 더 배우도록 하겠다.

2. гáрна, світла кімнáта: 주거지를 묘사하는 다양한 형용사

우크라이나인들의 주거지를 지칭하는 단어 квартира, дім, хáта, кімнáта, гуртóжиток, готéль 등 앞에 성질을 나타내는 형용사들을 붙이면 다음과 같다.

형용사	주거지를 뜻하는 명사
гáрний / погáний(좋은, 나쁜) світлий / тéмний(밝은, 어두운) чистий / брудний(깨끗한, 더러운) великий / малéнький / невеликий (큰, 작은, 크지않은) затишиний / не затишний (안락한, 안락하지 않은)	дім(집) гуртóжиток(기숙사) готéль(호텔)
гáрна / погáна світла / тéмна чиста / бруднá велика / малéнька / невелика затишина / не затишна	кімнáта(방), квартира(아파트), хáта(농가)

3. Мені дýже подóбається твоя кýхня : ~를 좋아하다의 표현

우크라이나어로 좋아한다는 표현에는 두 가지가 있다.

① 여격(대)명사 +подóбатися+ 주격 명사 혹은 동사원형

여격 (대)명사	подóбатися	명사의 주격 동사원형	해석
Мені Тобі Йомý Їй Нам Вам Їм	подóбається	спорт читáти книжки вáша країна гуртóжиток	(누구는) 스포츠를 좋아하다. 책을 읽는 것을 좋아하다. 당신의 나라를 좋아하다. 기숙사를 좋아하다.

подóбатися의 격은 뒤에 위치하는 주격 명사와 동사 원형에 좌우된다. 단수 명사와동사 원형이 올 경우 3인칭 단수형태인 подóбається가 되며, 복수 명사가 올 경우 подóбаються가 된다. 부정문은 подóбатися 앞에 не를 붙인다.

예문

Менí подóбаються ці книжкú. (나는 이 책들이 마음에 든다).
Менí не подóбається спорт (나는 스포츠를 좋아하지 않는다).

② 주어 + любúти제(2식 동사) + 명사의 목적격 / 동사원형

주어 (대명사)	любúти	명사의 목적격 동사원형	해석
Я Ти Він, Вона Ми Ви Вони	люблю́ лю́биш лю́бить лю́бимо лю́бите лю́блять	спорт читáти книжкú вáшу країну гуртóжиток	(누구는) 스포츠를 좋아하다. 책을 읽는 것을 좋아하다. 당신의 나라를 좋아하다. 기숙사를 좋아하다.

위의 두 표현은 모두 같은 의미를 갖는다. любúти가 좋아한다는 감정의 표현을 좀더 강하게 나타내는 듯하나, подóбатися를 이용한 표현도 любúти와 마찬가지로 자주 사용된다.

3 단계

문법의 이해

1. 명사의 대격

우크라이나어에서 타동사의 직접 목적어는 대격으로 나타낸다. 명사의 대격 형태는 명사의 성, 수에 따라 달라지며, 특히 활동체(생명체) 명사인가 비활동체(무생물) 명사인가에 따라 형태가 변한다.

① 비활동체 남성 명사의 대격

- 사물을 나타내는 남성 명사의 대격은 주격과 동일한 형태를 지닌다.
- 비활동체 단수 명사를 복수로 만들 경우 모음이 탈락하는 경우가 있다.

  예 будúнок → будúнки, олівéць → оліввцí

수	격	여권	건물	연필
단수	주격	пáспорт	будúнок	олівéць
	대격	пáспорт	будúнок	олівéць
복수	주격	паспортú	будúнки	олівцí
	대격	паспортú	будúнки	олівцí

② 활동체 남성 명사의 대격

- 활동체 남성명사의 대격은 비활동체 남성명사와는 달리 주격과 다른 형태를 지니는데, 단수에서는 어미에 -a(어근이 경음으로 끝날 경우)와 -я (어근이 연음으로 끝날 경우)를, 복수에서는 ів를 붙여 만든다.
- 단수 명사의 복수형에서 자음 혹은 모음의 변형이 발생하는 경우가 있다.

  예 друг → дрýзів, англíєць → англíйців.
- 규칙적인 법칙에서 벗어나 복수 명사 대격에서 어미가 붙지 않는 경우도 있다. 예 росíян (러시아인들)

수	격	남자형제	친구	선생님	영국인	러시아인
단수	주격	брат	друг	учúтель	англíєць	росíянин
	대격	брáта	дрýга	учúтеля	англíйця	росíянина
복수	주격	братú	дрýзі	учителí	англíйці	росíяни
	대격	братíв	дрýзів	учителíв	англíйців	росíян

③ 비활동체 여성 명사의 대격

- -a, -я로 끝나는 비활동체 단수 여성명사의 대격은 어미를 -y, -ю로 바꾸면 된다. 예 кнúга → кнúгу, вýлиця → вýлицю
- -и 혹은 -i 어미를 붙여 만든 비활동체 여성명사의 복수 주격은 대격과 같은 형태를 취한다. 예 кнúги → кнúги, вýлиці → вýлиці
- 제 1과에서 ч, ж, ш와 같은 자음으로 끝나는 명사들중에 여성인 경우도 있다고 말했다. 이들 단어들은 주격과 대격의 형태가 같다. 예 зýстріч, ніч

수	격	책	거리	만남
단수	주격	кни́га	ву́лиця	зу́стріч
	대격	кни́гу	ву́лицю	зу́стріч
복수	주격	кни́ги	ву́лиці	зу́стрічі
	대격	кни́ги	ву́лиці	зу́стрічі

④ 활동체 여성 명사의 대격

- -а, -я로 끝나는 활동체 단수 여성명사의 대격은 어미를 -у, -ю로 바꾸면 된다. ㊎ сестрá → сестрý, япóнка → япóнку
- 활동체 여성 명사의 대격은 단수 주격 여성 명사의 어미 -а, -я를 탈락 시킨 뒤, 단어 후미 겹자음 사이에 모음 (е 혹은 о)을 삽입하여 만든다.

  ㊎ сестрá → сестр → сестéр
- 예외적으로 단수 여성명사의 어미 -я를 제거한 이후 연음기호 -ь를 붙여 복수 대격을 만드는 경우도 있다. ки́ця → киць

수	격	여자형제	일본인	영국인	고양이
단수	주격	сестрá	япóнка	англі́йка	ки́ця
	대격	сестрý	япóнку	англі́йку	ки́цю
복수	주격	сéстри	япóнки	англі́йки	ки́ці
	대격	сестéр	япóнок	англі́йок	киць

⑤ 중성 명사의 대격

- 중성명사들의 주격과 대격은 같은 형태를 취한다. 중성명사 단수를 복수로 만드는 방법은 이미 제2과에서 설명했듯이, 중성 명사 단수 어미인 -о, -е를 -а, -я로 바꾸면 된다.
- 일반적으로 -я로 끝나는 중성명사들은 단수와 복수가 같은 형태를 갖는다. ㊎ питáння(단수 주/대격 = 복수 주/대격)
- 그러나 예외적으로 ім'я́의 복수 주격과 대격은 іменá이다.
- 중성명사 중 항상 단수 혹은 복수 형태로 존재하는 것들이 있다.

  ㊎ пéчиво - 과자(buscuits): 항상 단수이며, 주격과 대격이 같음.

  двéрі - 문(doors): 항상 복수이며, 주격과 대격이 같음.

수	격	나무	성(姓)	바다	인생	이름
단수	주격	де́рево	прі́звище	мо́ре	життя́	ім'я́
	대격	де́рево	прі́звище	мо́ре	життя́	ім'я́
복수	주격	дере́ва	прі́звища	моря́	життя́	імена́
	대격	дере́ва	прі́звища	моря́	життя́	імена́

⑥ 이름의 대격

- 이름들도 위에서 설명한 활동체 남성 혹은 여성형 명사 변화와 같은 방식으로 변화시키면 된다. 다만 남성의 이름 중 -а로 끝나는 이름들은 여성 명사처럼 변화시킨다. 예 Мико́ла(주격) → Мико́лу(대격)

수	격	타라스	옥사나	미콜라
단수	주격	Тара́с	Окса́на	Мико́ла
	대격	Тара́са	Окса́ну	Мико́лу

2. 형용사의 대격

형용사는 명사를 수식해주는 기능을 하며, 명사의 수와 성, 격에 따라 함께 변화한다. 또한 형용사의 목적격은 수식하는 명사가 활동체인가, 비활동체인가에 따라 다른 어미를 가지며 변화한다.

① 비활동체 명사를 수식할 경우

- 형용사의 어근이 경음으로 끝나는 경우

명사의 성	단수		복수	
	주격	목적격	주격	목적격
남성	до́брий	до́брий	до́брі	до́брі
여성	до́бра	до́бру	до́брі	до́брі
중성	до́бре	до́бре	до́брі	до́брі

• 형용사의 어근이 연음으로 끝나는 경우

명사의 성	단수		복수	
	주격	목적격	주격	목적격
남성	си́ній	си́ній	си́ні	си́ні
여성	си́ня	си́ню	си́ні	си́ні
중성	си́нє	си́нє	си́ні	си́ні

② **활동체 명사를 수식할 경우**

• 형용사의 어근이 경자음으로 끝나는 경우

명사의 성	단수		복수	
	주격	목적격	주격	목적격
남성	до́брий	до́брого	до́брі	до́брих
여성	до́бра	до́бру	до́брі	до́брих

• 형용사의 어근이 연자음으로 끝나는 경우

명사의 성	단수		복수	
	주격	목적격	주격	목적격
남성	си́ній	си́нього	си́ні	си́ніх
여성	си́ня	си́ню	си́ні	си́ніх

3. ма́ти 동사의 현재 인칭변화

ма́ти 동사는 제1식 인칭변화 패턴을 따르는 동사로 인칭과 수의 변화에 따라 -ю, -єш, -є, -ємо, -єте, -ють의 어미를 가진다. ма́ти 동사는 두 가지 서로 다른 의미 – '가지고 있다' 와 '해야 한다' –를 가진다.

① **'가지고 있다' 의 의미**

мати 동사가 '가지고 있다' 의 의미로 사용될 경우 동사 다음에 목적격 명사가 온다.

주어	동사 변형	목적어	해석
я	ма́ю	дім кімна́ту ім'я́	집을 가지고 있다. 방을 가지고 있다. 이름를 가지고 있다.
ти	ма́єш		
він, вона, воно	ма́є		
ми	ма́ємо		
ви	ма́єте		
вони	ма́ють		

② '해야 한다'의 의미

ма́ти 동사가 '해야 한다'의 의미로 사용될 경우 ма́ти 동사 다음에 동사 원형을 써서 사용한다.

주어	동사 변형	목적어	해석
я	ма́ю	чита́ти кни́жку іти́ вчи́тися	(누구는) 책을 읽어야 한다. 가야 한다. 공부해야 한다.
ти	ма́єш		
він, вона, воно	ма́є		
ми	ма́ємо		
ви	ма́єте		
вони	ма́ють		

상식 코너

우크라이나인들의 농가와 정신세계

우크라이나 농촌의 전통 가옥(ха́та)은 우크라이나인들의 정신세계와 물질세계를 보여주는 매우 중요한 대상이다. 집이란 인간에 의해 건축된 삶의 공간이다. 우크라이나인들의 집에는 우주를 이해 하는 우크라이나인들의 세계관이 집약되어 나타난다고 하겠다. 문화에 대한 우크라이나인들의 사고가 집의 구조와 장식 등에 표현되어 있으며, 집의 고찰을 통해 그들의 사고를 이해할 수 있게 된다.

우크라이나인들의 농촌 가옥들에서 집 문은 바로 거리로 향해있지 않다. 그래서 가옥의 내부로 들어가려면 반드시 안마당을 거쳐야 한다. 농가의 마낭은 울타리 역할을 하여 집 건물을 막아주는 역할을 한다. 이는 바깥으로부터 유입될 수 있는 악과 위험을 막으려는 노력으로 보인다. 작은 마당을 거쳐 농가에 돌아 들어가면, 밖과 연결된 모든 문들이 루시니키(рушникú: 자수가 놓여진 수건)로 감싸져 있는 것을 보게 된다. 루시니키는 바로 밖과 안을 연결하는 통로를 보호하고 막아주는 역할을 하게 된다. 집안에 들어오면 문의 맞은 편, 가장 잘 보이는 집의 한 쪽에 성화(ікóна)가 걸려져 있는 것을 발견하게 된다. 이 성화 또한 루시니키로 잘 감싸져 있는 것을 보게 된다. 우크라이나인들에게 있어 성화나 그림들은 다른 세상으로 통하는 창으로 여겨졌다. 문들과 창문들이 실제의 바깥 세상과 통하는 창이라면, 성화와 그림들은 신의 세계와 같은 영적 세상과 통하는 창으로 보여졌던 것이다. 따라서 이 문들을 넘나들 때 발생할 수 있는 위험들이나 나쁜 세력들을 막기 위해 여러 가지 의미의 상징들이 세겨진 루시니키로 감싸았던 것이다.

이렇듯 우크라이나인들의 가옥구조와 장식을 통해 내부세계와 외부세계에 대한 우크라이나인들의 사고를 조금이나마 이해할 수 있을 것이다.

문화의 이해

우크라이나 수도 이름의 영어식 표기: Kiev or Kyiv?

2022년 우크라이나전쟁의 발발이후 우리 사회는 우크라이나의 수도 이름 표기 방식을 두고 논쟁을 벌인 바 있다. 러시아어 발음에 기초한 '키예프'에서 우크라이나어 발음의 '키이우'로 바꾸자는 사회적 약속이 이제서야 이루어진 것이다. 그런데 서방에서는 이와 같은 논쟁이 이미 30년 전에 발생했었다.

1991년 우크라이나가 독립한 직후부터 과거 오랫동안 영어로 'Kiev' 라고 표기 되던 우크라이나 수도의 이름이 미국과 캐나다 등지에서 새로운 논쟁의 대상이 되었다. 다시 말해, 수도 명칭의 영어표기를 Kiev에서 Kyiv, Kyiw 혹은 Kyyiv로 해야 한다는 의견이 제기 되었다. 그렇다면 과연 이러한 논쟁의 배경은 무엇이며, 우크라이나의 수도인 키이우의 올바른 영어식 표현은 어떤 것일까? 기존의 Kiev 표기보다 더 좋은 표기 방식이 과연 필요한 것인가? '키이우'라는 도시의 이름은 루스의 연대기에 나온 도시의 성립에 관한 전설로 부터 유래하는데, 기원 후 5세기 세 형제였던 키이, 시체크, 호리브와 그들의 누이 르비드가 이 도시를 건설한 것으로 전해져왔다. 공후가 된 첫째 형 키이의 이름을 따라 도시의 이름을 키이우 (의미: 키이의 도시, 키이의 것)로 지었다.

교회 자료에 따르면, 현재 키이우의 위치에 위대한 도시가 건립될 것이라는 예언이 이 지역을 방문했던 우크라이나의 수호성인 안드레아 사도에 의해 있어 왔다고 한다. 키이우의 영어식 표기(Kiew, Kiow, Kiovia)는 이미 약 500년 전에 시작이 된 것으로 추정이 된다. 많은 영어 백과사전과 언어사전에는 Kiev 라는 표기가 사용 되어왔다. 키이우를 비롯한 우크라이나 여러 도시들의 이름이 러시아식 혹은 폴란드식으로 표기되어온 배경에는 우크라이나지역이 키이우 루스의 붕괴 이후 타 민족들(리투아니아, 폴란드, 러시아, 오스트리아 등)에 의해 지배되어왔기 때문일 것이다. 특히 17세기 이후 러시아가 우크라이나 영토의 일부를 지배하면서 도시 이름들을 러시아식(키예프, 르보프, 하리코프 등)으로 표기해온 것이 사실이다.

기존에 사용되던 Kiev가 러시아어를 영어로 음역한 표기 방식이기 때문에 우크라이나가 독립한 이후 우크라이나어를 영어로 음역한 Kyiv가 사용돼야 한다는 주장이 나온 것이다. 1991년 이후 우크라이나정부도 Kyiv를 공식적인 표기로 사용했으며 영미권에서도 이를 따르게 되었다. 근-현대 역사 속에서 우크라이나의 역사와 정체성이 러시아에 의해 많이 부정 및 왜곡되어 왔던 사실을 고려한다면, 도시 이름의 표기를 바꾸려는 우크라이나인들의 의도는 충분히 이해될 수 있을 것이다. 작은 것이지만, 큰 상징성을 지니는 수도와 도시의 이름에 새로운 의미와 정체성을 불어 넣으려는 우크라이나인들의 노력을 우리는 당연한 것으로 받아들여야 할 것이다.

우크라이나의 수도 이름인 키이우(КиїВ)에 들어가는 문자 Ї는 러시아어에는 존재하지 않는 문자로 러시아와 다른 우크라이나의 정체성을 표시하는 상징이기도 하다.

출처: https://www.weareukraine.info/symbol-of-ukrainian-resistance-the-letter-i/#

П'ятий урок

5

Алло́?

여보세요?

Діало́г: 스티븐과 타라스의 전화내용이다.

Стівен: Алло́? Добри́день, О́лю! Це гово́рить Сті́вен.
알로, 도브르이덴, 올류 쩨 호보르잇 스띠벤

Чи Тара́с удо́ма?
츠이 따라쓰 우도마

Оля: Ні, його́ нема́, але він за́раз бу́де. А, ось він!
니, 이오호 네마. 알레 빈 자라스 부데. 아, 오씨 빈!

Тара́се, Сті́вен телефону́є.
따라쎄, 스띠벤 뗄레포누예

Тарас: Добри́день, Сті́вене! Що ново́го?
도브르이덴, 스띠베네! 쉬초 노보호?

Стівен: У цю субо́ту ми влашто́вуємо літерату́рний ве́чір.
우 쮸 수보뚜 므이 울라슈또부옘모 리떼라뚜르느이 베치르

Бу́демо чита́ти вірші́ Тара́са Шевче́нка.
두뎀모 츠이따뜨이 비르쉬 따라싸 쉐우첸까

Я ду́же хо́чу тебе́ там ба́чити.
야 두줴 호추 떼베 땀 바츠이뜨이

Тарас: Коли́ це? В субо́ту? Я прийду́.
꼴르이 쩨, 브 수보뚜 야 쁘르이이두

Стівен: До́бре, до зу́стрічі.
도브레, 도 주스뜨리치

Тарас: До поба́чення.
도 뽀바첸냐

여보세요? 안녕, 올랴! 나 스티븐이야.
타라스 집에 있니?
집에 없어. 그렇지만 그는 곧 올거야. 아, 여기 그가 오네.
타라스, 스티븐 전화야.
안녕, 스티븐. 어떻게 지내니(새로운 일 있니)?
이번 토요일에 우리는 문학의 밤을 가지려고 해.
우리는 타라스 쉐브첸코의 시를 읽을 예정이야.
나는 너를 거기서 꼭 봤으면 좋겠어.
그게 언제라고? 토요일? 내가 거기 갈께.
좋았어, 그럼 안녕.
그래 안녕

단어 익히기

Словник	Vocabulary	단 어
говóрить (원형 говори́ти)	(he) speaks or is speaking	말하다, 말하고 있다. (v, 2식, 3인칭 단수형)
удóма	at home	집에(ad)
немá(немáє)	is/are not there	~에 없다.
зáраз	now	지금(ad)
бýде(원형 бýти) бути(буду, будеш, буде, будемо, будете, будуть)	will be	~ 있을 것이다. ~ 될 것이다. (v, 1식, 3인칭 단수형)
ось	here, there	여기, 저기(ad)
новóго(원형 новий)	new	새로운 (a, 남성 생격)
субóту (원형 субóта)	Saturday	토요일 (n, 여성, 단수, 4격)
У цю субóту	on Saturday	토요일에
влаштóвуємо (원형 влаштóвувати)	(we) arrange 혹은 are arranging	마련하다, 준비하다. (v, 1식, 1인칭 복수형)
літературний	literary	문학의(a)
вéчір	evening	저녁(n, 남성, 단수, 1격)
читáти	to read	읽다.(v. 1식, 원형)
ві́рші	poems, poetry	시(詩)들 (n, 남성, 복수형, 4격)
Тараса Шевченка	Taras Shevchenko' s	타라스 쉐브첸코의 (남성 이름의 생격(2격))
хóчу(원형 хотіти)	(I) want	(나는)원하다, 바래다. (v, 1식, 1인칭 단수형)
бáчити	to see, meet	보다, 만나다(v, 2식, 원형)
Коли́	when	언제(관계부사)

대화문장의 이해

1. Алло́?(여보세요): 전화상 대화법

전화를 걸고 받을 때 자주 사용되는 유용한 표현들을 아래의 표에 모았다.

내용	표현
여보세요?	Алло́? 알로
전화걸고 계신분이 누구 신가요?	Хто телефону́є? 흐또 뗄레포누예
저는 (누구)입니다.	Це гово́рить / телефону́є(+이름) 쩨 호보르잇 / 뗄레포누예
~가 집에 있습니까?	(이름+)удо́ма? 우도마
지금 집에 없어요. 그렇지만, 그(녀)는 곧 올겁니다.	Його́ (її́) тут нема́(є), 이오호(이이) 뜻 네마(예) але, він (вона́) за́раз бу́де. 알레, 빈 (보나) 자라스 부데
잠깐만요.	Одну́ хвили́ночку 오드누 흐브일르이노츠꾸
전화받았습니다.	Алло́, я слу́хаю. 알로 야 슬루하유
(~ 이라는) 메시지를 전해 주세요.	Переда́йте, будь ла́ска, що ... 뻬레다이떼, 부드 라스까, 쉬초
제가 전화번호를 잘 못 돌렸습니다.	Я помили́вся(помили́лася) но́мером. 야 뽀므일르이우쌰 (뽀므일르일라쌰) 노메롬
전화가 끊겼어요.	Нас роз'єдна́ли. 나쓰 로즈예드날르이
기타	• 헨드폰: мобі́льний телефо́н 모빌느이 뗄레폰 • 전화번호: но́мер телефо́ну 노메르 뗄레포누 • 전화 박스: таксофо́н 딱쏘폰 • 전화카드: телефо́нна ка́ртка 뗄레포나 까르뜨까

2. Йогó нема(그가 없는데요): 부재중임을 나타내는 표현

부재중임을 나타내기 위해 немá와 немáє를 사용하여 문장을 만든다. 전자가 구어체에서 더 많이 사용되지만, 후자가 더 형식에 맞는 표현이다. немá(є) 앞에 부재중인 대상을 생격으로 쓰면 된다(인칭대명사의 생격은 제 4과를 참조).

예문 생격의 (대)명사+немá(є): ~가 없다.

Йогó (Її́) тут немá(є).	그(녀)는 여기에 없다.
Їх тут немá(є).	그들은 여기에 없다.
Тарáса там немá(є).	타라스는 거기에 없다.

※주의) немáє의 철자는 мáти 동사 3인칭 단수의 부정형인 не мáє와 똑같다. 그러나 '갖지 않다' 의 뜻을 표현 할 때에는 не와 мáє 사이에 한 칸을 띄움에 유의하자.

예문

Він не має брата.	그는 형(혹은 남동생)을 갖고 있지 않다.

3. У цю субóту(이번 토요일에): 요일을 말하는 방법

우크라이나어로 월, 화, 수, 목, 금, 토, 일은 다음과 같으며, 문장속에서 '어느 요일에' 라고 표현할 때, 보통 전치사 у(в)+요일을 나타내는 명사의 대격을 써서 만든다.

요일		~ 요일에 (у+대격)
월	понеді́лок	у понеді́лок
화	вівтóрок	у вівтóрок
수	середá	у сéреду
목	четвéр	у четвéр
금	п'ятниця	у п'ятницю
토	субóта	у субóту
일	неді́ля	у неді́лю

문법의 이해

1. 명사의 대격을 요구하는 전치사

제 4과에서 명사의 대격에 대해 공부했다. 여기서는 명사의 대격을 요구하는 전치사들을 학습한다. 전치사는 명사나 대명사 앞에 놓이며, 기타 품사와의 관계를 나타내는 역할을 한다. 이미 앞에서 언급한 요일을 언급하는 у суботу에서 у는 명사의 대격을 요구하는 전치사이다. 이 외에도 다음과 같은 것들이 대격을 요구하는 전치사들이다.

전치사	예 문	해 석
у / в (to, into)	① Тара́с сіда́є в автомобі́ль ② Я не працю́ю в субо́ту.	타라스는 자동차에 (들어가) 앉는다. 나는 토요일에는 일하지 않는다.
на (on)	③ Я йду на робо́ту. ④ Я ї́ду на вокза́л.	나는 일하러 (걸어서) 간다. 나는 역으로 (대중교통을 이용해) 간다.
про (about)	⑤ Я зна́ю про фі́рму Самсу́нг.	나는 삼성 회사에 대해 안다.
за (for)	⑥ Дя́кую за кві́ти.	꽃에 대해 감사드린다.

(보충설명)

① у/в 가 동작의 방향을 나타내는 역할을 할 때, 뒤의 명사는 대격이 된다.
위의 예문에서 타라스는 자동차 속으로 들어가서 앉는다라는 의미를 지닌다.

② 앞에서도 언급했듯이, 요일을 언급할 때 전치사 у 다음 대격명사를 취한다.

③ 동작의 방향을 나타낼 때 전치사 на + 대격 명사를 쓴다. 보통 기차역 등 열린 공간으로 향할 때는 на를, 닫혀진 실내 공간으로 향할 때는 у/в를 사용한다. 그러나 반드시 이 규칙을 따르지 않으며, 매번의 경우 암기해야 한다.

④ йду와 їду의 차이는 걸어서 가는냐, 운송수단을 이용하느냐의 차이이다.

⑤ 위의 전치사들은 문장 내에서 대격 이외에 전치격 혹은 조격의 명사를 요구하기도 한다.

- у/в가 위치를 나타내는 역할을 할 때 뒤의 명사는 전치격이 된다.
- за가 ~ 뒤에, ~를 따라서의 의미를 가질 때 뒤의 명사는 조격이 된다.

2. 현재형 동사의 제2식 변화

제 3과에서 현재형 동사의 제 1식변화에 대해 학습했다. 이미 언급했듯이 제 1식변화 동사를 е(є) 유형동사라고 설명했다. 이에 반해 제 2 격변화 동사는 и(ї) 유형 동사라고 부르는데, 그 이유는 2, 3인칭 단수와 1, 2인칭 복수에서 각각 -иш (їш), ить (їть), имо (їмо), ите (їте)의 어미를 갖기 때문이다. 제 2 식변화를 따르는 동사들의 원형은 대체로 -ити, -іти, -яти로 끝난다(예 говорити 말하다, робити 일하다, летіти 날다, стояти 서다 등).

인칭	단수		복수	
1인칭	я	-у / -ю	ми	-имо / -їмо
2인칭	ти	-иш / -їш	ви	-ите / -їте
3인칭	він вона воно	-ить / -їть	вони	-ать / -ять

и와 ї의 차이는 동사의 어근이 자음으로 끝나는가, 아니면 모음으로 끝나는가에 있다. 어근이 자음으로 끝나면 иш어미가 붙으며, 모음으로 끝나면 їш어미가 붙게 된다. 아래의 예를 통해 동사의 제 2식변화를 알아보자.

주어	**говори́ти** (말하다)	**стоя́ти** (서있다)
я	говорю́	стою́
ти	гово́риш	стої́ш
він вона воно	гово́рить	стої́ть
ми	гово́римо	стоїмо́
ви	гово́рите	стоїте́
вони	гово́рять	стоя́ть

예문

Він гово́рить га́рно про мене　　그는 나에 대해 말을 잘 해준다.

Вони́ гово́рять мені́ про спра́ви	그들은 나에게 사업(일)에 관해서 얘기하고 있다.
Потяг стої́ть п'ять хвили́н	기차는 5분동안 서있다.

일부 동사들은 인칭변화시 1인칭 단수와 3인칭 복수에서 어근과 어미 사이에 자음이 추가되는 경우가 있기도 하며(예 люби́ти, робити), 1인칭 단수의 어근에서 자음이 변화하는 경우도 있다(леті́ти).

주어	люби́ти (사랑하다)	роби́ти (만들다, 일하다)	леті́ти (날다)
я	люблю́	роблю́	лечу́
ти	лю́биш	ро́биш	лети́ш
він вона воно	лю́бить	ро́бить	лети́ть
ми	лю́бимо	ро́бимо	летимо́
ви	лю́бите	ро́бите	летите́
вони	лю́блять	ро́блять	летя́ть

예문

Він не лю́бить молоко́	그는 우유를 좋아하지 않는다.
Що я ма́ю роби́ти?	제가 무슨 일이 해야 합니까?
Птах лети́ть.	새 한마리가 날아가고 있다.

3. 명사의 생격

생격은 우리말의 「~의」라는 조사에 해당하며, 소유관계, 소속관계를 나타낸다. 남성과 중성의 단수 명사의 생격형태는 -а(-я) 혹은 -у(-ю)이며, 단수 여성 명사의 생격형태는 -и(-і)이다.

① 활동체 / 비활동체 남성명사의 생격

비활동체

수	격	여권	건물	연필	전화
단수	주격	па́спорт	буди́нок	олі́ве́ць	телефо́н
	생격	па́спорта	буди́нку	олівця́	телефо́на
복수	주격	паспорти́	буди́нки	олівці́	телефо́ни
	생격	паспорті́в	буди́нків	олівці́в	телефо́нів

활동체

수	격	남자형제	친구	선생님	영국인
단수	주격	брат	друг	учи́тель	англі́єць
	생격	бра́та	дру́га	учи́теля	англі́йця
복수	주격	брати́	дру́зі	учителі́	англі́йці
	생격	браті́в	дру́зів	учителі́в	англі́йців

② 활동체 / 비활동체 여성명사의 생격

수	격	책	거리	여자형제	친구	만남
단수	주격	кни́га	ву́лиця	сестра́	компа́нія	зу́стріч
	생격	кни́ги	ву́лиці	сестри́	компа́нії	зу́стрічі
복수	주격	кни́ги	ву́лиці	се́стри	компа́нії	зу́стрічі
	생격	книг	ву́лиць	сесте́р	компа́ній	зу́стрічей

③ 중성명사의 생격

수	격	나무	성(姓)	바다	인생	이름
단수	주격	де́рево	пре́звище	мо́ре	життя́	ім'я́
	생격	де́рева	пре́звища	мо́ря	життя́	і́мені
복수	주격	дере́ва	пре́звища	моря́	життя́	імена́
	생격	дере́в	пре́звищ	морі́в	життів	іме́н

상식코너

우크라이나(Україна)의 이름

오랜 역사 속에서 지금의 우크라이나 지역은 여러 이름으로 불려 온 것으로 추정된다. AD 9세기에 "루스(Русь)"라는 이름이 키이우 연대기에 처음으로 등장했는데, "루스(Русь)"는 당시의 이 지역을 지배했던 공후와 그의 추종자들을 일컫는 말로 사용되었고, 후일 키이우 공국을 중심으로 한 형제 공국들 전체를 일컫는 용어로 받아들여 졌다.

"루스"의 비공식적 이름으로 "우크라이나"라는 이름도 사용되었는데, 이 이름이 최초로 출현한 것은 키이우 필사본에서 였으며, 여기서 "우크라이나"라는 이름은 페레야슬라우, 키이우 그리고 체르니히우 지역을 일컫기 위해 사용되었다. "할리치 우크라이나"라는 용어는 1187년과 1213년에 할리치-볼린 연대기 필사본에서 언급이 되었다.

이 외에도 1334년에는 말라 루스(Мала Русь 작은 루스)라는 이름이 등장했는데, 이는 몽골-타타르의 침입 이후에 키이우 루시를 계승한 할리치나-볼린 공국을 일컫는 말로 사용되었다.

1650년에는 프랑스인 엔지니어이며 여행가인 드 뷰플랑(G.L. de Beauplan)이 "우크라이나의 묘사(Discription d' Ukraine)" 라는 책을 출판하였는데, 이 책에서 그는 할리치나와 포딜리아 지역을 언급하기 위해 "우크라이나"라는 단어를 사용하였다. 16세기 이후, 코자크 시기 동안에는 드니프로강을 따라 펼쳐진 코자크의 영토를 일컫는 말로 "우크라이나"가 사용되었다. 보흐단 흐멜니츠키를 수장으로 하는 코자크 국가 또한 "우크라이나" 라고 불렸다. 이러한 사실은 흐멜니츠키로부터 이반 마제파와 오를릭에 이르는 여러 수장들의 문서들에서 증명이 되고 있다. 1661년 이후에 뷰플랑(G. L. de Beauplan)의 저서의 영향으로 서유럽에서는 '우크라이나' 라는 명칭이 일반화되어 갔다.

18세기-19세기 동안 러시아의 지배를 받은 우크라이나는 대러시아의 상대적 개념으로 소러시아(мала росія)라고 불렸다. 19세기 초에 '우크라이나' 라는 이름은 다시 우크라이나인들이 살고 있는 전 영토를 일컫기 위해 사용되었다. 특히 지식인들 사이에서 러시아와는 다른 정체성을 지닌 민족임을 일컫기 위해 의도적으로 사용되었다. 그러나 농민들을 비롯한 대중들은 아직 자신들을 우크라이나인으로 생각하지는 않았으며, 이는 20세기에 들어서나 가능했다.

러시아 혁명 이후 우크라이나 지역에서 잠시나마 발생했던 몇 개의 국가들(우크라이나 민족 공화국(1917), 우크라이나 헤트만 국가(1918), 서부 우크라이나 인민 공화국(1918))의 이름에서 "우크라이나"가 공식적인 국가 이름으로 채택되었다. 이들 국가들이 몰락하고, 1919년 우크라이나는 "우크라이나 사회주의 소비에트 공화국"으로 불렸고, 이후 1937년부터 1991년까지는 "우크라이나 소비에트 사회주의 공화국"으로 불려졌다.

결국, 역사적 전통이 깊은 이름인 "우크라이나"는 1991년 독립이 선언된 이후에 다시 국가의 명칭으로 되돌아 왔다. 1996년 6월 28일 "우크라이나"라는 이름이 우크라이나의 헌법에 의해 국가명으로 공식화되었다.

5단계

문화의 이해

셰우첸코와 우크라이나어

우크라이나어는 19세기 이전 문학어로 발전하지 못한 채 구어로서만 존재했는데, 이러한 구어의 수준을 문어의 수준으로 발전시키는데 대해 당시 지식인들 자신도 많은 의구심을 갖고 있었다. 농민층의 언어로 사용되던 자신들의 언어가 무게 있는 문학어로, 혹은 학문적 언어로 사용될 수 있다고 생각하는 사람은 드물었다.

그러나 1798년 이반 코틀랴레우스키에 의해 출간된 에네이다라는 광시는 최초로 우크라이나인들의 구어를 문학적 시로 표현했으며, 이러한 시도는 우크라이나어가 비중있는 문학속에서 사용될 수 있지 않을까하는 문제의식을 발생시켰다. 이후 언어에 대한 관심의 고조로 "소러시아 방언의 문법"(1818)이라던가 "우크라이나어 소사전" 등이 출간되기도 하였다. 특히 하르키우 대학을 중심으로 문학적 표현 영역이 확장되었는데, 1834년 훌락 크비트카는 "흐루트스코 오스노비아

넨코에 의해 쓰여진 소러시아의 이야기"라는 글을 써 우크라이나 산문작업의 창시자가 되었고, 또한 레우코 보로비코우스키는 우크라이나어로 노래를 작곡하기도 하였다.

그러나 이러한 계속적인 노력에도 불구하고, 19세기초의 우크라이나 지식인층은 우크라이나의 문화가 지배적인 러시아의 문화를 대신하는 위치로 발전할 수 있다고 확신하지 못했으며, 다만 자신들의 기본적인 정체성을 발견하는데만 여념이 없었다.

당시의 우크라이나 지식인층은 민족의식의 발전에 있어 언어가 얼마나 중요한 기능을 하는 가에 대해 알지 못했다. 즉 언어는 자민족과 타민족을 나누는 자연적인 경계선으로서, 사용자들 사이에 대화와 정보의 교환을 촉진시키며, 또한 언어는 그 언어를 사용하는 사람들의 세계관을 반영할 수 있는 독특한 체계를 포함하고 있기 때문에 사람들이 서로를 의식속 깊은 수준까지 이해할 수 있도록 도와준다는 사실을 인식하고 있던 우크라이나의 지식인층은 드물었다.

이와 같은 과제들, 즉 구어수준의 우크라이나어를 문학어 수준으로 발전시키는 과제, 그리고 이러한 작업을 통해 엘리트들과 대중들 사이에 공동의 연대를 수립하며, 정체성을 공유할 수 있는 기초를 확립하는 과제는 근대 우크라이나 민족건설의 역사속에서 가장 위대한 역할을 담당했던 타라스 셰우첸코에 의해 수행되었다.

1840년 셰우첸코는 코우자르(kobzar)라는 우크라이나어 시집을 출간하였다. 우크라이나의 역사적 테마에 근거한 이 시집의 출현은 우크라이나 문학사에 있어 획기적인 사건으로 기록되는데, 이를 통해 우크라이나어는 최초로 문학적인 우수성을 확인 받았으며, 당시 우크라이나의 농민언어가 교양있는 사고와 감정을 표현할 수 없다고 믿었던 러시아인들의 사고를 반증하였던 것이다.

셰우첸코는 몇가지 우크라이나의 방언과 농민, 도시민의 구어, 그리고 교회슬라브어의 어형과 단어들을 종합하여 우크라이나어의 유연성과 범위, 자원을 확장하였다. 이렇게 하므로써 그는 우크라이나인들에게 그들의 언어가 예술성을 가진 모든 범위의 감정과 사고를 표현할 수 있다는 것을 증명하였다. 결국 그는 우크라이나인들이 고급화법의 수단으로써 러시아어에 의존할 필요가 없다는 사실을 보여주었다.

셰우첸코는 우크라이나의 구어를 문학어 수준으로 발전시키는 역할뿐만 아니라, 우크라이나는 폴란드, 러시아와 다른 정체성을 갖고 있다는 사실을 확인시켰으며, 우크라이나의 독립된 지위 획득을 위해 무력투쟁이 필요하다는 사상도 선파하였다.

타라스 셰우첸코의 그림들

Шостий урок

6

Куди́ ти йдеш?

너 어디가니?

Діало́г

Стівен: Добри́день, О́лю! Як спра́ви?
도브르이덴, 올류 약 쓰쁘라브이?

Оля: До́бре. Дя́кую, Сті́вене! А в те́бе?
도브레. 댜꾸유, 쓰띠베네 아 브 떼베?

Стівен: Все гара́зд. Куди́ ти йдеш?
브쎄 하라즈드. 꾸드이 뜨이 이데쉬

Оля: Я йду до університе́ту. А ти куди́ йде́ш?
야 이두 도 우니베르쓰이떼뚜 아 뜨이 꾸드이 이데쉬

Стівен: Я зараз йду до магази́ну.
야 자라스 이두 도 마하즈이누

Оля: Що ти хо́чеш купи́ти?
쉬쵸 뜨이 호체쉬 꾸쁘이뜨이

Стівен: Я ма́ю придба́ти подару́нок.
야 마유 쁘르이드바뜨이 뽀다루녹

Оля: Для ко́го ти ку́пиш подару́нок?
들랴 꼬호 뜨이 꾸쁘이쉬 뽀다루녹

Стівен: Для мо́го коре́йського дру́га.
들랴 모호 꼬레이스꼬호 두루하

Оля: До́бре. А як ти їдеш до магази́ну?
도브레. 아 약 뜨이 이데쉬 도 마하즈이누

Стівен: Я туди́ ї́ду на метро́.
야 뚜드이 이두 나 메뜨로

Оля: До́бре, до поба́чення.
도브레, 도 뽀바첸냐

안녕 올랴! 어떻게 지내니?
좋아. 고마워, 스티븐 그런데 너는 어떠니?
모든게 좋아. 너 어디 가니?
나는 대학교에 가고 있어. 그런데 너는 어디에 가니?
나는 지금 상점에 가고 있어.
너는 무얼 사고 싶어하니?
나는 선물을 사야해.
너는 누구를 위해 선물을 사려하니?
나의 한국인 친구를 위해서
좋았어. 그런데 어떻게 상점까지 가니?
나는 거기에 전철로 가려고 해.
좋아, 그럼 다음에 보자.

단어 익히기

Словник	Vocabulary	단 어
гаразд	O.K.	좋아(ad)
куди́	to where	어디로(의문부사)
йдеш (원형 йти)	go	가다.(v., 2인칭 단수)
до (+ чого, кого : 생격)	to (where) until	~에(게) (장소, 사람) 까지(시간)(pr.)
університе́т	university	대학(n. 남성, 단수, 주격)
до університе́ту	to university	대학에(으로)
за́раз	now	지금(ad)
магази́н	store	가게(n. 남성, 단수, 주격)
до магази́ну	to store	가게에(로)
купи́ти	to buy	사다.(v)
придба́ти	to buy	사다.(v)
пода́рунок	present, gift	선물 (n. 남성, 단수, 주격)
Для (+ ко́го, чого)	for (someone something)	~를 위하여(pr.)
коре́йський (а, е, і)	Korean	한국의, 한국인의(a)
друг	friend	친구(n. 남성, 단수, 주격)
Для мо́го коре́йського дру́га	for my Korean friend	나의 한국인 친구를 위하여
Їхати	go (by transportation)	(교통수단을 통해) 가다. (v)
туди́	there	거기에(ad)
метро́	subway	전철(n. 중성, 단수, 주격)
на метро́	by subway	전철로(가다)

대화문장의 이해

Куди́ ти йдеш?(너 어디에 가니?): 이동의 방향과 방법의 표현법

이동의 동작을 나타내는 우크라이나어의 동사에는 크게 두 가지로 나뉜다.

① **정태동사**: 목적지를 향한 일정한 방향의 동작 (불완료체와 완료체가 존재)

② **부정태동사**: 왕복, 반복적인 동작

의미	정태동사 (불완료체)	부정태동사
(걸어서) 가다	йти	ходити
(차를 타고) 가다	їхати	їздити

• 여기서는 동작의 완료를 의미하지 않는 불완료체 동사만을 다루며, 완료체 정태동사인 піти, поїхати에 대해서는 12과에서 설명하겠다.

• 동작 동사의 인칭변화

	йти	ходи́ти	ї́хати	ї́здити
я	йду	ходжу́	ї́ду	ї́жджу
ти	йдеш	хо́диш	ї́деш	ї́здиш
він, вона́, воно́	йде	хо́дить	ї́де	ї́здить
ми	йдемо́	хо́димо	ї́демо	ї́здимо
ви	йдете́	хо́дите	ї́дете	ї́здите
вони́	йдуть	хо́дять	ї́дуть	ї́здять

예문

일정한 방향 (정태동사)	왕복과 반복적 동작 (부정태동사)
Я зáраз йду до університéту. 나는 지금 대학교에 (걸어서) 간다.	Я завждú ходжý до університéту пішки. 나는 항상 대학교에 걸어서 다녀 온다.
Я зáраз їду до університéту автóбусом. 나는 지금 대학교에 버스로 간다.	Я завждú їжджу до університéту автóбусом. 나는 항상 대학교에 버스를 타고 다녀 온다.

이동의 동작을 나타내는 동사들은 전치사와 함께 쓰여 방향이나 가는 방법에 대해 설명하곤 한다.

• 방향을 나타내는 전치사

목적지

від/з (~ 로부터) → у (~로) → до (~에(게), ~까지)

전치사	예문	해석
від + 생격	Я їду від Лесі	나는 레샤의 집에서 오고 있다.
з + 생격	Я їду з дому.	나는 집에서 오고 있다.
в + 대격	Я їду в університéт.	나는 대학교에 가고 있다.
до + 생격	Я їду до універмáгу.	나는 백화점에 가고 있다. 나는 백화점까지 간다.

• **교통수단을 표현하는 방법:** (어떤 교통수단으)로 가다.

1) на + 대격 (교통수단)

교통수단	на + 대격(교통수단)
таксí(택시)	на таксі
метрó(전철)	на метро
велосипéд(자전거)	на велосипеді

2) 명사의 조격

автóбус (버스)	автóбусом
трамвáй (전동차)	трамвáєм
тролéйбус (트롤리버스)	тролéйбусом
чóвен, пароплáв (배)	чóвном, пароплáвом
велосипед (자전거)	велосипéдом
літáк (비행기)	літакóм
пóтяг (기차)	пóтягом

※ '걸어서' 는 'пíшки' 로 표현하며, 걷다 동사 піти에서 파생된 부사이다.

문법의 이해

1. 명사 생격의 활용

명사의 생격이 사용되는 용례를 이미 앞과에서 몇가지 알아 보았다. 여기서는 다시 한번 생격으로 사용되는 경우들을 모아 설명한다.

① 소유와 소속의 관계를 나타낼 때,

예문과 해석	밑줄친 명사의 원형과 문법설명
Це мі́сце Мико́ли. 이것은 미콜라의 집이다.	Мико́ла (-a로 끝나는 남성명사: 여성명사처럼 격변화)
Вона́ сестра́ профе́сора Гончаре́нка. 그녀는 혼차렌코 교수의 여자형제이다.	профе́сор Гончаре́нко (-o로 끝나는 남성이름: -a로 변함)
Ось ка́рта Кана́ди. 여기 캐나다의 지도가 있다.	Кана́да (-a로 끝나는 여성명사의 생격변화)

② 부정문에서 동사의 직접 목적어를 표현할 때,

예문과 해석	밑줄친 명사의 원형과 문법설명
Я не ба́чу папе́ру. 나는 종이를 보지 못했다.	папі́р (자음으로 끝나는 불활동체 남성 명사의 생격)
Я не зна́ю цього́ поéта. 나는 이 시인을 모른다.	цей поéт (활동체 남성명사의 생격변화)

③ 부재(－이 없다)의 사실을 나타낼 때,

예문과 해석	밑줄친 명사의 원형과 문법설명
Окса́ни тут нема́є. 옥사나는 여기 없다.	Окса́на (-a로 끝나는 여성명사의 생격변화)
Він ка́же, що Бо́га нема́є. 그는 신이 없다고 말한다.	Бог (활동체 남성명사의 생격변화)

④ 생격을 요구하는 동사와 함께 쓰일 때,

예문과 해석	밑줄친 명사의 원형과 문법설명
Усі́ боя́тся цього́ профе́сора. 모두들 이 교수를 무서워한다.	цей профе́сор (боя́тися 동사+생격명사: ~을 두려워하다)
Я телефону́ю до університе́ту. 나는 대학교에 전화를 한다.	університе́т (телефонува́ти до+생격명사: ~에(게) 전화하다)

⑤ 생격을 요구하는 전치사와 함께 쓰일 때,

전치사	예문	해석
до(~까지, ~로)	до Ки́єва до університе́ту до обі́ду	키예프로 가다(방향). 대학으로 가다(방향). 점심까지(시간)
пі́сля(~이후에)	пі́сля обі́ду (원형обід (남성))	점심 이후에
з(~로 부터)	з Ки́єва з дру́гої годи́ни	키예프로부터(방향) 2시부터(시간)
від(~로 부터)	від бра́та від Ки́єва	형으로부터(편지의 발신자) 키예프로부터 (떨어진 거리)
без(~없이)	без те́бе без си́ру	너 없이, 치즈 없이
для(~위하여)	для сестри́ для чолові́ка	누나(여동생)를 위하여 남편을 위하여
бі́ля(~옆에)	бі́ля дру́га	친구 옆에

2. 형용사 생격변화

형용사의 생격변화는 형용사 어근이 경음인지, 연음인지에 영향을 받으며, 남성, 여성, 중성 어미를 가지며 변화하게 된다.

• 어근이 경자음으로 끝날 경우,

성	단수		복수	
	주격	생격	주격	생격
남성	га́рн-ий	га́рного	га́рні	га́рних
여성	га́рна	га́рної	га́рні	га́рних
중성	га́рне	га́рного	га́рні	га́рних

예문

Я не ма́ю га́рноі сукні. 나는 (디자인이) 좋은 드레스를 가지고 있지 않다.

Я не ма́ю га́рних суконь.	나는 (디자인이) 좋은 드레스들을 가지고 있지 않다.
Я не ма́ю га́рного кільця.	나는 (디자인이) 좋은 반지를 가지고 있지 않다.
Я не ма́ю га́рних кільць.	나는 (디자인이) 좋은 반지들을 가지고 있지 않다.
Я не ма́ю га́рної кімна́ти.	나는 예쁘게 장식된 방을 가지고 있지 않다.
Я не ма́ю га́рних кімна́т.	나는 예쁘게 장식된 방들을 가지고 있지 않다.

• 어근이 연자음으로 끝날 경우,

성	86단수		복수	
	주격	생격	주격	생격
남성	си́ній	си́нього	си́ні	си́ніх
여성	си́ня	си́ньої	си́ні	си́ніх
중성	си́нє	си́нього	си́ні	си́ніх

예문

Я не ма́ю си́нього плаща́.	나는 파란색 외투를 갖고 있지 않다.
Я не ма́ю синіх плащі́в.	나는 파란색 외투들을 갖고 있지 않다.
Ми не ма́ємо си́нього плаща́.	우리들은 파란색 외투를 갖고 있지 않다.
Ми не ма́ємо си́ніх плащі́в.	우리들은 파란색 외투들을 갖고 있지 않다.
Я не ма́ю си́ньої спідни́ці.	나는 파란색 치마를 갖고 있지있지 않다.
Я не ма́ю си́ніх спідни́ць.	나는 파란색 치마들을 갖고 있지 않다.

3. 인칭 대명사의 생격

인칭대명사의 생격은 대격과 같은 형태를 지닌다. 생격을 요구하는 전치사 до와 결합할 때, 음의 원할한 발음을 위해 모음 사이에 자음 н이 인칭대명사앞에 삽입되기도 한다.(예 до нього́, у не́ї, до них)

단수 인칭대명사 주격	생격	복수 인칭대명사 주격	생격
я	мене́	ми	нас
ти	тебе́	ти	вас
він/вона́/воно́	його́/її́/його́	ви	їх

인칭대명사 생격의 예는 이미 제 4과에서 소유의 표현을 배우면서 언급했다.

예 У ме́не / те́бе / нього́ / не́ї / нас / вас / них дуже гарна, світла кімната.

나는(너는, 그는, 그녀는, 우리는, 당신(들)은, 그들은) 매우 아릅답고 밝은 방을 가졌다.

※주의) у와 його, її가 만날 때 모음(у)과 반자음(й) 혹은 모음(ї)이 결합하여 원할한 소리가 나질 않는다. 따라서 자음 н이 삽입되고, 이 자음을 연음화 시키기 위해 ь와 е가 각각 덧붙여져 у нього와 у неї가 만들어졌다.

4. 소유대명사의 생격

일상 회화에서 소유대명사가 많이 사용 된다. 소유의 대상이 되는 명사에 따라 남성, 여성, 중성으로 나뉘며, 단수와 복수의 형태를 갖는다. 이들 소유대명사의 생격은 형용사의 생격과 같은 방식으로 만들어진다.

① я와 ти의 소유대명사 주격과 생격

성	단수		복수	
	주격	생격	주격	생격
남성	мій/твій	мого́/твого́	мої́/твої́	мої́х/твої́х
여성	моя́/твоя́	моє́ї/твоє́ї	мої́/твої́	мої́х/твої́х
중성	моє́/твоє́	мого́/твого́	мої́/твої́	мої́х/твої́х

② МИ와 ВИ의 소유대명사 주격과 생격

성	단수		복수	
	주격	생격	주격	생격
남성	наш/ ваш	нáшого/ вáшого	нáші/ вáші	нáших/ вáших
여성	нáша/ вáша	нáшої/ вáшої	нáші/ вáші	нáших/ вáших
중성	нáше/ вáше	нáшого/ вáшого	нáші/ вáші	нáших/ вáших

③ він, вонó의 소유대명사 йогó는 뒤에 따르는 명사의 성과 수에 관계없이 한 형태로 사용된다.

④ вонá의 소유대명사 її와 вонú의 소유대명사 їх들도 명사의 성과 수에 관계없이 한 형태로 사용된다.

예 йогó(її, їх) сестрá(друг, життя́, батькú)

그의(그녀의, 그들의) 여자 형제(친구, 삶, 부모)

4단계

상식코너

우크라이나 vs 러시아

우리에게 있어 우크라이나는 역사상 독립된 민족이라기보다는 러시아 민족의 일부로 이해되어 왔다. 이와 같은 오해는 두 가지 이유에서 발생하는데, 첫째는 우크라이나와 러시아가 9세기에서 13세기 사이에 존재했던 키이우 루스 국가를 공통된 역사의 기원으로 삼고 있기 때문이며, 둘째는 몽골 타타르의 침입으로 키이우 루스가 멸망한 이후 20세기 초까지 현재의 우크라이나지역에 완성된 형태의 민족 국가가 존재해 오지 않았었기 때문이다. 이러한 이유에서 키이우 루스의 정통성은 정치권, 종교권, 법제

권을 유지해 온 러시아가 계승한 것으로 역사에서 해석되어 왔고, 리투아니아, 폴란드, 오스트리아-헝가리제국, 러시아제국, 그리고 소련에 의해 지배되었던 우크라이나인들은 독립된 정체성을 가진 민족으로 취급 받지 못해왔다. 따라서 그 동안 우크라이나 인들은 러시아 민족의 일부로 취급 되고, 우크라이나어는 러시아어의 방언으로 해석되어 왔다.

이와 같은 역사관은 1991년 우크라이나가 독립하면서 전면적으로 재평가의 요구를 받게 되었다. 우크라이나의 민족주의 역사학자들과 해외 우크라이나계 역사학자들을 중심으로 우크라이나는 러시아와 다른 역사 발전 경로를 밟아 왔다고 강조되고 있다. 몽골-타타르의 침입 이후 키이우를 떠나 모스크바로 정치 중심을 옮겨 전제주의적인 정치형태를 발전시켰던 모스크바 공국과 이후 제정 러시아와는 다르게, 우크라이나인들은 리투아니아와 폴란드, 오스트리아-헝가리 제국의 영향을 받으며 서유럽의 문화와 자유민주주의적 정치전통의 영향을 받으면서 개인주의와 민주주의, 연방주의의 특성들을 발전시켜 나갈 수 있었다는 것이다. 15세기부터 폴란드의 조세정책으로부터 탈출하여 자유를 찾아 우크라이나 스텝지역에 모이기 시작한 우크라이나인들은 코자크라는 군사체를 조직하여 전제주의와 귀족주의에 대항하면서 자유주의를 지향하는 민족 국가를 형성하려 했다.

우크라이나에 존재해 왔던 자유주의적인 정치전통과 독립을 위한 움직임은 소비에트 시기에도 사라지지 않고 지속되었다. 1920년대 우크라이나화 운동, 제 2차 세계대전 당시의 우크라이나 민족주의자 조직(OUN)의 반 소비에트 군사 활동, 지하로 숨어든 종교, 인권단체의 민주화 운동 등 끊이지 않고 우크라이나의 자유와 독립을 위한 투쟁이 지속되었다. 1991년 소련의 붕괴로 우크라이나는 드디어 독립된 자유 민주주의 국가로서 다시 태어나게 되었던 것이다.

결국 우크라이나는 신생 독립국이지만 오래된 역사를 가진 민족이라고 말할 수 있다. 집단주의적이며, 전제주의적인 정치문화를 발전시켜온 러시아와는 달리 개인주의적이며 자유주의적인 정치문화를 선호해 온 우크라이나인들은 2004년 오렌지 혁명을 이끌어내게 되었던 것이다. 우크라이나의 오렌지혁명을 서방세력과 러시아와의 거대게임에서 발생하게 된 부산물로 평가 절하하는 견해도 있다. 그러나 키이우 루스와 코자크 시대, 그리고 소비에트 시대를 관통하며 지속되는 자유주의적인 정치전통과 문화를 되새겨 볼 때 우크라이나의 오렌지 혁명은 우연이 아니었고, 우크라이나민족은 러시아와는 구별되는 독립된 민족으로 재조명되어야 할 것이다.

문화의 이해

우크라이나인들의 영웅

사회주의의 붕괴와 함께 기존에 영웅시 되던 인물들은 사라지게 되었다. 레닌과 스탈린의 동상들이 제거되었고, 이와는 반대로 우크라이나의 독립과 민족주의를 위해 싸웠던 인물들의 동상들이 세워지게 되었다. 특히 이 과정은 정부 주도하에 이루어지게 되는데, 이는 과거 역사에 대한 재해석의 과정이며, 미래에 대한 방향 제시의 과정이기도 하다.

우크라이나 정부는 상징성들의 변화를 통해 우크라이나 역사의 연속성과 정당성을 확인받으려 했다. 우크라이나와 러시아는 역사의 출발점이 같다는 이유로 항상 누가 키이우 루스의 정당한 후계자인가라는 문제를 가지고 이견을 보여 왔다. 정부는 우크라이나가 키이우 루스의 정당한 후계자임을 강조하고, 우크라이나 역사의 연속성을 보여주기 위해 계속해서 키이우 루스 시기 공후들의 모습을 우표, 화폐 등에 삽입해왔다.

유명한 우크라이나의 여인
최초 기독교 수용자 - 올하공후
(1997)

M. 코스트마로우 (1992)

키이우 루스 시기의 공후들 이외에 우크라이나 정부는 우크라이나에 민족주의를 전파했던 많은 역사, 민속학자들을 영웅시 하면서 여러 상황에서 사용하게 된다. 한 예로 우크라이나가 독립을 한 이후 세 번째로 발행하게 된 우표에서 코스토마로우를 소개하게 되는데, 그는 19세기중반 “두 개의 루스 정체성”이라는 저술에서 우크라이나인들은 러시아인들과는 다른 민족정체성을 가졌음을 학문적으로 주장했으며, 이후 우크라이나의 민족의식 확산에 지대한 역할을 했다. 독립 직후 코스토마로우의 우표를 발행하게 된 것은 독립의 꿈을 이룩한 우크라이나 정부의 정치적 위상을 보여주기 위한 의도적인 계획으로 해석될 수 있다. 이후에도 우크라이나의 독립을 주장하고 문필활동을 했던 많은 역사적 인물들, 예를 들어 타라스 셰우첸코, 이반 프랑코, 레샤 우크라인카 등등의 인물들을 우표를 통해 소개했으며, 도시의 곳곳에 동상을 세워 기념하게 되었다.

타라스 셰우첸코

보흐단 흐멜니츠키

또한 독립 이후 소개된 많은 우표들 중 특히 주목할 만한 주제는 코자크였다. 독립이후 최초로 출판된 우표가 코자크에 관한 것이었으며, 이후 계속해서 코자크의 생활상과 용맹성, 코자크 헤트만의 모습들을 담은 우표들을 발간했다. 코자크 헤트만이었던 보흐단 흐멜니츠키의 가족 문장은 현재 우크라이나 대통령 메달에 사용되고 있다. 우크라이나 정부는 코자크를 독립한 우크라이나인들의 직접적인 조상으로 간주하며, 현대 우크라이나인들이 지향해야할 인간상으로 강조하고 있다. 우크라이나의 국가(國歌)는 세 번에 걸쳐 우크라이나인들을 코자크의 동지와 형제들로 묘사하고 있으며, 결국 마지막에는 "코자크의 민족임"을 세계에 보여주자는 표현으로 노래를 끝내고 있다. 결국 이 예는 정부의 입장에서 우크라이나인들이 지향해야하는 인간형이 코자크임을 분명히 보여주는 것이다.

Держáвний Гімн Украї́ни

Ще не вмéрла Украї́ни і слáва і вóля,
Ще нам, брáття молодíї, усміхнéться дóля.
Згúнуть нáші воріжéньки, як росá на сóнці,
Запанýєм і ми, брáття, у своїй сторóнці.
Дýшу й тíло ми полóжим за нáшу свобóду
І покáжаем, що ми, брáття, козáцького рóду.

우크라이나의 영광과 자유는 아직 소멸하지 않았다.
젊은 동지들이여, 운명은 우리들에게 미소를 지을 것이다.
우리의 적들은 아침의 이슬처럼 사라질 것이다.
그리고 형제들이여, 우리는 우리 자신들의 땅에서 다시 지배하게 될 것이다.
우리는 우리의 자유를 얻기 위해 우리의 영혼과 몸을 바칠 것이다.
그리고 형제들이여, 우리는 코자크 민족임을 보여줄 것이다.

Сьомий урок

7 Скі́льки це ко́штує?

이것은 얼마인가요?

Діало́г – Т: Тарас / П: продаве́ць(상인)

Т : Добри́день. Я хо́чу купи́ти фру́кти. У Вас є свіжі фру́кти?
도브르이덴. 야 호추 꾸쁘이뜨이 흐룩뜨이 우 바쓰 예 스비지 흐룩뜨이

П : Так, у ме́не га́рні апельси́ни та гру́ші!
딱, 우 메네 하르니 아뻴쓰이느이 따 흐루쉬

Т : Диви́сь, які́ га́рні гру́ші! Скі́льки вони́ ко́штують?
드이브이씨, 야키 하르니 흐루쉬 스낄끄이 보느이 꼬쉬뚜윳

П : Ось ціна́ – чоти́ри гри́вні за кілогра́м.
오씨 찌나 – 쵸뜨이르이 흐르이브니 자 낄로흐람

Т : А деше́вше не бу́де?
아 데쉐브쉐 네 부데

П : Даю́ Вам за три гри́вні за кілогра́м.
다유 밤 자 뜨르이 흐르이브니 자 낄로흐람

Т : Тоді́ два кілогра́ми, будь ла́ска. Ось гро́ші– шість гри́вень.
또디 드바 킬로흐라므이, 부드 라스까 오씨 흐로쉬 – 쉬스쯔 흐르이벤

П : Ду́же дя́кую. Чи Ви тако́ж хо́чете апельси́ни?
두줴 댜꾸유 . 츠이 브이 따꼬쥐 호체떼 아뻴쓰이느이

Т : Ні, це все, дя́кую.
니, 체 브쎄, 댜꾸유

П : Дя́кую, до поба́чення.
댜꾸유, 도 뽀바첸냐

Т : Дя́кую, на все до́бре.
댜꾸유, 나 브쎄 도브레

안녕하세요. 저는 과일을 사고 싶은데요. 싱싱한 과일들이 있으세요?
네, 아주 좋은 오렌지와 배가 있습니다.
여기봐요. 정말 좋은 배군요 이게 얼마입니까?
가격은 1 킬로그램당 4 흐리브나입니다.
조금 더 싸게 해 주실수 있나요?
당신께 킬로당 3흐리브나에 드리겠습니다.
그러면 2 킬로그램만 주세요. 여기 돈이요, 6 흐리브나입니다.
대단히 감사합니다. 그런데 오렌지도 사시겠어요?
아니요, 이게 전부입니다. 감사해요.
감사합니다. 또 뵙지요.
감사합니다. 최선을 빕니다.

단어 익히기

Словник	Vocabulary	단 어
фрýкти	fruits	과일(n. 남성, 복수, 대격)
апельсúни	oranges	오렌지(n. 남성, 복수, 주격)
грýші	pear	배(n. 여성, 복수, 주격)
скíльки	how much	얼마, 얼만큼 (수사)
дивúсь (원형 дивúтися)	look	이것 봐(v. 명령형)
кóштує (원형 кóштувати)	to cost	비용이 들다. (v., 3인칭, 단수, 현재)
цінá	price	가격(n. 여성, 단수, 주격)
грúвні (원형 гривня)	hryvni (Ukrainian money)	흐리브냐 (n. 여성, 복수, 주격) (우크라이나의 화폐 단위)
кілогрáм	kilogram	킬로그램(n. 남성, 단수, 대격)
за кілогрáм	per kilogram	킬로그램당 (전치사+대격)
дешéвше	lesser, cheaper	더 적게, 더 싸게 (비교급)
даю́(원형 дáти)	(I) give	주다 (v., 1인칭, 현재)
тоді	then	그러면 (ad)
два	two	2 (기수사) (+복수주격)
три	three	3 (기수사) (+복수주격)
чотúри	four	4 (기수사) (+복수주격)
шíсть	six	6 (기수사) (+복수생격)

대화문장의 이해

1. Я хо́чу купи́ти фру́кти. У Вас є свіжі фрукти?

(물건의 구입과 가격흥정의 표현법)

우크라이나에서 물건을 구입하는 표현중 가장 기본적인 것은 '사다' 라는 동사 'купити' 를 붙여 만들어 진다. 위의 대화문장에서 나왔듯이 '나는 ~을 사고 싶습니다' 라고 말하려면, 'Я хочу купити(що)' 혹은 'Я б хотів/хотіла купити(що)' 라고 말을 하면 된다. '어디에서 물건을 살 수 있습니까?' 라고 물을 때는 'Де я можу купити(що)?' 라고 말하거나, 'Де є(구입장소)?' 라고 물으면서 장소에 해당하는 아래의 단어를 삽입하면 된다.

• **장소를 묻는 표현**

(장소)가 어디에 있습니까?	장소를 나타내는 명사	
Де є + (장소)?	апте́ка	약국
	база́р	재래시장
	кіо́ск	간이매점
	кіо́ск пре́си	신문판매점
	книга́рня	서점
	крамни́ця	상점 (가게)
	крамни́ця зі взуття́м	신발 가게
	крамни́ця з музи́чними това́рами	음반 가게
	крамни́ця з о́дягом	의류 상점
	крамни́ця з сувені́рами	기념품 가게
	магази́н	상점
	перука́рня	미용실
	хімчи́стка	세탁소
	ри́нок	재래시장
	суперма́ркет	수퍼마케트
	універма́г	백화점
	фотомагази́н	사진방

• 기타 물건 구입과 관련된 표현

우리말 표현	우크라이나어 표현
~을 사고 싶습니다.	Я б хотíв(хотíла) купи́ти(+що) Я хóчу купи́ти(+що)
~이 어디에서 공급됩니까? (직역) ~을 어디에서 살수 있습니까?	Де продаю́ться / продає́ться (+що)?
당신 (가게에) ~이 있습니까?	У вас продає́ться(+що)?
제게 ~을 보여주시겠습니까?	Покажíть менí(+що), будь ласка.
가격이 얼마입니까? 전부 모두 다 얼마입니까?	Скíльки це(він/вона) кóштує? Скíльки кóштує все рáзом?
너무 비싸네요. 아주 싸네요.	Це нáдто дóрого. Це дýже дéшево
좀 더 싸게 해 주실수 있으세요? 당신이 주실수 있는 가장 좋은 가격이 얼마인가요?	А дешéвше не бýде? Яка вáша найкрáща цінá?
(얼마에) 드리겠습니다.	Я даю́(+ 가격)
가격은 … 흐리브나 입니다.	Ось цінá – однá грíвня - дві(три, чоти́ри) грíвні - п' ять грíвень
킬로그램당	за кілогрáм
좋습니다. 가져가지요. 살게요	Гаразд, я візьму.
신용카드 받으세요? 외국돈 받으세요?	Ви приймáєте креди́тні картки́? Ви приймáєте інозéмну валю́ту?
계산서를 받을 수 있을까요?	Мóжна квитáнцію, будь лáска?
도와주셔서 감사합니다.	Дя́кую за допомóгу.

2. У мéне гáрні апельси́ни та грýші!(기본적인 식료품의 이름)

우크라이나의 재래시장인 ри́нок이나 базáр에서는 주로 식생활에 필요한 채소(óвочі), 빵(хліб), 유제품(молóчні продýкти), 과일(фрýкти), 고기(м'ясо), 생선(ри́ба) 등을 구입할 수 있다. 'Де продаю́ться(продається)' 다음에 물건이름을 주격단수 혹은 복수로 쓰면 '어디에서 ~ 물건(들)이 공급되나요?' 라고 직역이 되며, 이는 '어디에서 ~을 살 수 있나요?' 라고 이해 된다. 위에서 배운 Я хотíв би(хотíла б) купи́ти라는 표현을 이용할 경우, 아래에 제시된 명사들의 대격을 이어 쓰면 된다.

종류	목적어 (대격)	의미
Óвочі 채소 	рис	쌀
	картóпля	감자
	цибýля	양파
	капýста	양배추
	мóрква	당근
	огірóк	오이
	буря́к	비트뿌리 (빨간 무)
	селéра	셀러리
	салáт	레터스(상추)
	помідóр	토마토
	реди́с	무
	гриб	버섯
	кукурýдза	옥수수
	часни́к	마늘
빵 хліб 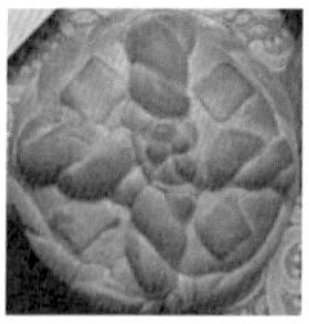	хліб	빵
	чóрний хліб	흑빵
	бíлий хліб	흰빵
	бýлка	공같이 동그란 빵 (bread roll)
	гречáний хліб	메밀빵
	коровáй	전통웨딩케익
	калáч	칼라치 (롤빵)

유제품 молочні продукти	молоко́	우유
	йо́гурт	요구르트
	ма́сло	버터
	маргари́н	마가린
	сир	치즈
	смета́на	사우어 크림
	вершки́	크림
과일 фрукти	апельси́н	오렌지
	помара́нча	오렌지
	бана́н	바나나
	ди́ня	멜론
	я́блуко	사과
	абрико́с	살구
	ви́шня	체리 (검고 수분이 많으며 달콤한 맛)
	чере́шня	체리 (연한색으로 달며, 딱딱함)
	виногра́д	포도
	пе́рсик	복숭아
	гру́ша	배
	анана́с	파인애플
	сли́ва	자두
	мали́на	레스베리
	полуни́ця	딸기
	каву́н	수박
	лимо́н	레몬
고기 М'ясо	я́ловичина	소고기
	теля́тина	송아지고기
	свини́на	돼지고기
	ши́нка	햄
	гу́ска	거위
	куря́тина, ку́рка	닭고기

	ка́чка	오리
	і́ндик	칠면조
	бара́нина	양
생선류 риба 	ри́ба	물고기, 생선
	сві́жа ри́ба	신선한 생선
	копче́на ри́ба	훈제 생선
	оселе́дець	청어
	лосо́сь	연어
	креве́тки	참새우
	сарди́на	정어리
	осетри́на	철갑상어
	чо́рна (черво́на) ікра́	검은 (붉은) 상어알
	ко́роп	잉어
	кра́би	게

3단계

문법의 이해

1. 숫자의 사용법

위의 대화문장에서 물건의 가격을 말하면서 숫자가 소개되었다. три гри́вні (3 흐르이브니) / чоти́ри гри́вні(4 흐르이브니) / ші́сть гри́вень(6 흐르이벤). 여기서는 1부터 10까지의 수사에 대해서 설명하고, 수사와 명사가 어떻게 결합하는지를 배워보겠다.

① 숫자를 셀 때 사용되는 기본적인 수 1, 2, 3, 4 등의 수를 기수라 하며, 이에 대응해 첫번째, 두번째, 세번째 등 순서를 나타내는 수를 서수라 한다.

② 기수 1은 우크라이나어로 оди́н / одна́ / одне́(남성 / 여성 / 중성) 이며, 명사의 성에 따라 다른 모습을 나타낸다. 그리고 항상 주격 단수 명사가 뒤 따른다.

③ 기수 2는 우크라이나어로 два(남성, 중성), дві(여성)로 표기되며, 뒤에 오는 명사의 성에 따라 두 가지 형태(два, дві)로 쓰인다. 또한 주격 복수 명사와 결합한다.

④ 기수 3, 4는 우크라이나어로 три, чоти́ри로 남성, 여성, 중성에 관계없이 모든 명사앞에서 한 가지 형태만 갖는다. 그리고 три, чоти́ри 다음에 주격 복수명사가 뒤 따른다.

⑤ 기수 5부터 10까지는 우크라이나어로 п' я́ть, ші́сть, сім, ві́сім, де́в'ять, де́сять로 표기되며, 뒤에 따르는 명사의 성에 관계없이 한가지 형태만 갖고, 복수생격의 명사와 결합한다.

⑥ 기수는 скі́льки(얼마, 몇 개)로 시작되는 의문문의 답에 사용된다.

㊕ Скі́льки це ко́штує?

Це ко́штує чоти́ри гри́вні за кілограм.

번호	기수	명사의 격	예문
1	оди́н / одна́ / одне́	단수 주격	оди́н стіле́ць, одна́ кімна́та, одне́ вікно́, одна́ гри́вня
2	два (m, n) / дві (f)	복수 주격	два стільці́, два вікна́, дві кімна́ти
3	три		три брати́, три гри́вні
4	чоти́ри		чоти́ри вікна́, чоти́ри сестри́
5	п'я́ть	복수 생격	п' я́ть стільці́в, ші́сть кімна́т, сім ві́кон, ві́сім гри́вень, де́в' ять брата́в, де́сять сесте́р
6	ші́сть		
7	сім		
8	ві́сім		
9	де́в'ять		
10	де́сять		

2. 동사의 과거

동사의 과거형을 만들기 위해서는 두 가지 요소, 즉 주어의 수(단수, 복수)와 성(남성, 여성, 중성)에 유의해야 한다. 주어의 수와 성에 유의하며 다음과 같이 동사의 과거형을 만든다.

① 동사의 원형에서 어미 -ти를 제거한다.

② 그런 뒤 동사의 주어가 단수 남성일 경우 -в, 단수 여성일 경우 -ла, 단수 중성일 경우 -ло, 복수일 경우 -ли를 붙이면 된다.

㉮

동사원형	단수			복수
	남성	여성	중성	
хоті́ти (원하다)	хоті́в	хоті́ла	хоті́ло	хоті́ли
пита́ти (묻다)	пита́в	пита́ла	пита́ло	пита́ли
сказа́ти (말하다)	сказа́в	сказа́ла	сказа́ло	сказа́ли
боя́тися (두려워하다)	боя́вся	боя́лася	боя́лося	боя́лися

주의)

① 대부분의 동사 원형의 어근은 모음으로 끝난다(㉮ хоті-ти, пита-ти의 어근은 i와 a모음으로 끝난다). 그러나 일부 동사들은 동사 원형이 -ти가 아닌 -сти로 끝나는 경우가 있다. 이 경우 동사 과거를 만들 때 -сти를 제거하고 위의 예처럼 변화시키면 된다.(㉮ перекла́сти(원형) → перекла́в(남), переклала(여))

② -ся로 끝나는 동사는 -ся 앞의 부분을 위의 패턴에 따라서 과거형으로 바꾼 뒤 다시 -ся를 첨가하면 된다. (㉮ боя́ти-ся(원형) → боя́в-ся, боя́ла-ся)

③ 남성형 과거형에 -в 어미를 붙일 경우, -в는 [v]가 아닌 [w]로 발음된다(㉮ хоті́в [khotiw] - 우리말로 '호티우'와 유사하게 발음됨).

3. 조건문

조건문의 형태는 크게 두 가지의 목적에서 사용된다.

① 과거: 조건이 충족되었었다면, 어떤 일이 일어날 수 있었다는 가능성을 말해주기 위해 사용:

㉮ Я б прийшо́в, якби́ мав час. 내가 시간이 됐었다면 왔을 것이다.

미래: 앞으로 조건이 충족될 경우, 어떤 일이 일어날 수 있다는 가능성을 말해주기 위해 사용:

Я прийду, якщо матиму* час 내가 시간이 되면 가겠다.

*동사(мати)의 미래형(제12과에서 설명하겠다)

② 무언가를 매우 공손하게 요청하기 위해 사용.

㉦ Я б хоті́в купи́ти маши́ну. Ви могли́ б мені́ допомогти́?
제가 자동차를 사고 싶습니다. 저를 도와주시겠습니까?

여기서는 조건문 행태의 두 번째 용도에 대해 학습하도록 하겠다.

• 공손한 요청을 나타내는 문장 형성의 방법:

① 조건문은 동사의 과거형과 함께 'би' 혹은 'б' 를 함께 사용하여 만든다.

② би와 б의 위치는 동사 앞 혹은 뒤에 놓이게 된다
(㉦ Вона хотіла б, Вона б хотіла).

③ би와 б의 선택은 이들 앞의 음이 자음인가 모음인가에 의해 결정된다. 즉, 자음 뒤에서는 би가 사용되고, 모음뒤에서는 б가 사용된다.

㉦

<table>
<tr><th>주어</th><th>хотіти(원하다)</th><th>+동사원형</th><th>의미</th></tr>
<tr><td>я</td><td>хоті́в би</td><td rowspan="6">купи́ти
прийти́
купа́тися
спа́ти</td><td rowspan="6"><u>I would like to ...</u>
나는 구매를 하고 싶습니다.
나는 오고 싶습니다.
나는 목욕을 하고 싶습니다.
나는 잠을 자고 싶습니다.</td></tr>
<tr><td>ти</td><td>хоті́в би</td></tr>
<tr><td>він
вона
воно</td><td>хоті́в би
хоті́ла б
хоті́ло б</td></tr>
<tr><td>ми</td><td>хоті́ли б</td></tr>
<tr><td>ви</td><td>хоті́ли б</td></tr>
<tr><td>вони</td><td>хоті́ли б</td></tr>
</table>

4. 형용사의 비교급과 최상급

제 7과의 Діалог에서 소개된 'А деше́вше не бу́де?'(좀더 싸게 해주실 수 있나요?)라는 표현은 형용사의 비교급을 활용한 것이다.

① 비교급

비교급은 말 그대로 두 개의 대상을 비교하는데 사용하는 표현이다. 비교급을 만드는 방법은 다음과 같다.

형용사의 어근+іш 혹은 ш+형용사 어미 ий

그러나 일부의 형용사들은 비교급을 형성하는 가운데, 일부 자음의 변화를 일으키는 경우도 있다. 아래에 규칙적, 불규칙적으로 형성되는 비교급의 예를 들었다.

• 규칙적 변화의 예

형용사	비교급	의미
дешéвий	дешéв-ш-ий	더 비싼
дóбрий	добр-íш-ий	더 친절한, 더 착한
молодúй	молóд-ш-ий	더 젊은
приéмний	приéмн-іш-ий	더 기쁜
старúй	стáр-ш-ий	더 나이가 든
простúй	прост-íш-ий	더 단순한
цікáвий	цікав-íш-ий	더 재미나는

• 불규칙적 변화의 예: 어근의 일부가 변화되는 현상이 발생

형용사	비교급	의미
близькúй	блúжчий	더 가까운
важкúй	вáжчий	더 무거운, 더 어려운
висóкий	вúщий	더 높은, 더 큰
вузькúй	вýжчий	더 좁은
глибóкий	глúбший	더 깊은
далéкий	дáльший	더 먼
дóвгий	дóвший	더 긴
дорогúй	дорóжчий	더 사랑스런 (좋은)
корóткий	корóтший	더 짧은
легкúй	лéгший	더 가벼운
низькúй	нúжчий	더 낮은
швидкúй	швúдший	더 빠른
ширóкий	шúрший	더 넓은

• 형용사와 비교급 형태가 많이 다른 경우

형용사	비교급	의미
до́брий(good, 좋은)	кра́щий	더 좋은
вели́кий(큰)	бі́льший	더 큰
мале́нький	ме́нший	더 작은
пога́ний	гі́рший	더 나쁜

• 두 대상을 비교하는 표현: A와 B 사이에 ~이 더 ~하다.

ніж + 주격 명사

Це деше́вше, ніж те. 이것이 저것 보다 더 싸다.

Цей буди́нок бі́льший, ніж той. 이 건물이 저 건물보다 크다.

за + 대격 명사

Цей буди́нок бі́льший за той буди́нок. 이 건물이 저 건물보다 크다.

Дніпро́ ши́рший за Те́мзу. 드니프로강은 테임즈강보다 넓다.

② 최상급

최상급의 형성은 비교급 앞에 най를 붙여 만든다.

예 най + молод-ш-ий → наймоло́дший (가장 젊은, 어린)

형용사	비교급	최상급
деше́вий	деше́в-ш-ий	найдеше́вший
до́брий	добр-і́ш-ий	найдобрі́ший
молоди́й	моло́д-ш-ий	наймоло́дший
прийе́мний	прийе́мн-іш-ий	найприйе́мніший
стари́й	ста́р-ш-ий	найста́рший
прости́й	прост-і́ш-ий	найпрості́ший
до́брий	кра́щий	найкра́щий
вели́кий	бі́льший	найбі́льший
мале́нький	ме́нший	найме́нший
пога́ний	гі́рший	найгі́рший

예문

Де найбли́жчий база́р? 가장 가까운 시장이 어디에 있습니까?
Це найціkaві́ший фільм. 이것은 가장 재미나는 영화이다.

주의) найбі́льш 혹은 наймéнш를 형용사 앞에 사용하여 최상급을 만들 수도 있다.

예문

Цей фільм найбі́льш ціка́вий = Цей фільм найцікаві́ший.
이 필름이 가장 재미나다.

상식코너

알아두어야 할 우크라이나의 대표적 상징들

우크라이나의 국기는 하늘 색(блаки́тний ко́лір)과 노란색(жо́втий ко́лір)으로 구성이 되어 있다. 이 색들의 기원은 우크라이나의 중세국가였던 할리치 공국의 문장에서 찾을 수 있다. 하늘 색 바탕위에 노란색 사자의 모습이 그려졌던 할리치 공국의 문장에서 사자가 없어지고 색깔만 남게 되었다. 시대의 변화와 함께 이 두 색깔은 푸른 하늘에 넓게 펼쳐진 우크라이나의 황금색 평야를 상징하는 것으로 이해되고 있다.

우크라이나의 국가 문장 тризу́б(삼지창)의 디자인은 키이우 루스 시기의 공후들, 특히 볼로드미르 대공 시기에 사용되던 동전에서 기원했다.

그러나 실제 тризу́б은 이 보다 훨씬 오래전 인 AD 1세기에 이미 사용된 것으로 고고학자들에 의해 추정되고 있다. 정확한 의미는 알 수 없으나, 신화적 힘과 권위의 상징으로 받아들여졌을 것으로 여겨진다. 현재 우크라이나 정부는 이 상징을 사용함으로써 우크라이나 정부의 정당성과 키이우 루스 시기로부터 이어지는 역사의 연속성을 주장하고 있다.

보흐단 흐멜니츠키 기념 우크라이나 대통령 훈장이라고 불리는 이 메달은 17세기 폴란드에 대항해 코자크 군사집단을 국가체계로 발전시켰던 헤트만 보흐단 흐멜니츠키의 가문을 대표하는 문장을 본 따와 만든 것이다. 비록 러시아와 페레야슬라브 조약을 체결하여 우크라이나가 러시아에 복속되게 하는 결과를 유발했지만, 보흐단 흐멜니츠키는 우크라이나 코자크를 한 단계 성숙한 정치체로 발전시킨 장본인이며, 우크라이나 역사상 가장 중요한 인물중의 하나이다.

좀더 최근의 역사시기인 2004년말에 발생했던 오렌지 혁명은 우크라이나를 대표하는 또 다른 중요한 상징이다. 당시 우크라이나 대중들은 친서방계열의 빅토르 유시첸코를 지지하며, 우크라이나에 민주주의의 확립과 공정선거를 외치며 오렌지 색의 리본을 가슴에 달고 거리로 나왔다. 친러파, 보수파 계열의 빅토르 야누코비치와의 선거전에서 부정이 발견됨에 따라 우크라이나 대중들이 거리로 나와 재선과 민주주의를 외치면서 평화시위를 하게 되었다. 결국 이 리본은 평화시위의 상징이 되었고, 오랜지 혁명은 민주주의를 위한 무혈혁명으로 역사속에서 기억되게 되았다.

문화의 이해

우크라이나 화폐 단위 - 흐리우냐(гри́вня)가 갖는 의미

현재 우크라이나에서 사용되고 있는 지폐의 단위는 흐리우냐(гри́вня)이다. 흐리우냐는 키이우 루스 시기에 사용되던 화폐 단위였으나, 현 우크라이나 정부가 다시 새롭게 독립한 우크라이나의 화폐로 받아들였다. 이와 같은 정부 결정의 저의에는 우크라이나의 정치적 정통성과 우크라이나 역사의 연속성을 강조하기 위한 것으로 해석되고 있다.

1991년 소련의 해체와 함께 독립한 우크라이나에서는 쿠폰이라는 종이 돈이 임시적으로 사용되었다. 약 3년여간의 쿠폰 사용 이후 우크라이나 정부는 흐리우냐를 우크라이나의 화폐단위로 받아들이는데, 그동안 우크라이나 정부는 화폐 속에 상징성들을 바꿔가며, 정부주도하에 역사를 재해석하고 새로운 민족정체성을 만들어 가려 노력했다. 아래에 제시된 화폐 그림을 통해 화폐 속에서 우크라이나 정부가 강조하려 했던 점은 무엇이었는가를 살펴보자.

이것은 1991년에 사용되던 쿠폰이다. 이 그림의 주인공은 키이우 도시 건설의 주역이었던 키이(Кий)형제의 여동생인 르비드(Либідь)이다. AD5세기의 키이우 도시 건설의 역사를 러시아사가 아닌 우크라이나 역사의 일부로 주장하면서 역사의 연속성을 보여주고자 했다.

1992년에 발행된 쿠폰에서는 위의 화폐에 제시된 르비드와 그녀의 형제들이 함께 나타난다. 다시 한번 키이우 도시 건설의 역사를 강조하면서 우크라이나 역사의 유구함과 정당성을 보여주고 있다.

1993년에 발행된 쿠폰은 두 번째 화폐와 거의 동일하며, 단지 삼지창 모양의 키이우 루스의 문장이 들어갔다는 점이 다르다. 결국 키이우 루스의 역사도 우크라이나 역사의 일부임을 보여주고 있다.

키이우 루스의 역사 중 볼로디미르 대공의 기독교 수용이 가장 중요한 사건들 중의 하나로 받아들여 지고 있다. 이 부분의 역사는 지금까지 러시아사의 일부로 이해되어 왔으나, 우크라이나는 정면으로 키이우 루스의 역사가 러시아사가 아닌 우크라이나의 역사 일부임을 강조하고 있다.

드디어 1993년에 우크라이나는 흐리우냐를 발행하게 되고, 화폐에는 볼로디미르 대공이 주인공으로 나타났다. 재미나는 것은 이전 화폐에서 볼로디미르 대공이 턱수염을 갖고 있는데 반해, 이 화폐에서의 볼로디미르 대공은 코자크의 수염을 하고 있다. 결국 키이우 루스로부터 코자크로 이어지는 역사의 연속싱이 회페를 통해 다시 한번 강조되고 있는 것이다.

우크라이나 화례 단위

*동전의 단위: копійка(kopiyka), 지폐의 단위: гривня(hryvnia)

*100 копійок(kopiyok) = 1 гривня(hryvnia)

* 1 гривня = 41.53원(2022년 4월 16일 현재)

동전	1 копійка	지폐	1 гривня
	2 копійки		2 гривні
	5 копійок		5 гривень
	10 копійок		10 гривень
	25 копійок		20 гривень
	50 копійок		50 гривень
	1 гривня		100 гривень
			200 гривень
			500 гривень

우크라이나 화폐

출처: https://pixabay.com/photos/money-ukrainian-money-cash-hryvnia-6097706/

Во́сьмий уро́к

8 Подару́нки для батькі́в

부모님 선물

Діало́г :

О : Добри́день. Тара́се!
도브르이덴. 따라쎄

Т : Добри́день, О́лю! Ско́ро бу́де Різдво́ і Нови́й рік.
도브르이덴, 올류 스끄로 부데 리즈드보 이 노브이 릭

Чи ти вже купи́ла своі́м батька́м подару́нки?
츠이 뜨이 우줴 꾸쁘일라 스보임 바띠깜 뽀다룬끄이

О : Ще не купи́ла. А ти що пора́диш?
쉬체 네 꾸쁘일라. 아 뜨이 쉬초 뽀라드이쉬

Т : Вважа́ю, що те́плий све́тр-це ду́же га́рний подару́нок
우바좌유 쉬초 떼쁠르이 스베뜨르 쩨 두줴 하르느이 뽀다루녹

взи́мку. Украї́нська зима́ ду́же холо́дна.
우즈임꾸 우끄라인스까 즈이마 두줴 홀로드나

О : Зго́дна. Але, мені́ тре́ба зна́ти ї́хній ро́змір.
즈호드나. 알레, 메니 뜨레바 즈나뜨이 이흐니 로즈미르

Т : Зателефону́й їм. По́тім пі́демо до магази́ну.
자뗄레포누이 임. 뽀띰, 삐뎀 도 마하즈이누

Я мо́жу відве́зти тебе́ до магази́ну своє́ю маши́ною.
야 모주 비으베즈뜨이 떼베 도 마하즈이누 스보예유 마쉬노유

О : Ду́же дя́кую за твою́ допомо́гу.
두줴 댜꾸유 자 뜨보유 도뽀모후

안녕, 타라스
안녕, 올랴. 이제 곧 크리스마스와 새해가 되네.
너 벌써 너희 부모님께 드릴 선물 샀니?
아직 안샀어. 그러면 너는 무엇을 사라고 조언하겠니?
내 생각에, 따뜻한 스웨터 ? 그것이 겨울철에 매우 좋은 선물일 것 같아.
우크라이나의 겨울은 매우 춥잖아.
나도 동감이야. 그런데, 그분들의 치수를 알아야 해.
전화드려봐. 그런 다음 같이 가게에 가자.
내가 가게까지 내 차로 데려다 줄게.
도와줘서 너무 고마워.

단어 익히기

Словник	Vocabulary	단 어
скóро	soon	곧 (ad)
Різдвó	Christmas	크리스마스 (n. 중성, 단수, 주격)
Новúй Рік	New Year	새해
батькáм	to parents	부모에게 (n. 복수, 여격)
своїм батькам	to your parents	자신의 부모님께
ще не	not yet	아직 ~ 하지 않다.
порáдиш (원형 порáдити)	(You) recommand	조언하다. (v. 2인칭, 단수, 현재)
Вважáю (원형 уважати)	(I) consider	간주하다, 생각하다. (v. 1인칭, 현재)
тéплий	warm	따뜻한 (a)
легкúй	light	가벼운 (a)
светр	sweater	스웨터(n. 남성, 단수, 주격)
трéба	need	~이 필요하다. (ad)
знáю (знáти)	(I) know	(나는) 알다.(v. 1인칭, 현재)
рóзмір	size	사이즈, 크기 (n. 남성, 단수, 대격)
Зателефонýй (원형 зателефонувáти)	call (someone)	전화해라. (v. 완료체, 명령형)
пóтім	then	그런 다음 (ad)
відвéзти / відвóзити	take	데려 가다, 가져 가다. (v. 완료체 / 불완료체)
відвéзти кого до чóго чим	take someone to somewhere by something	누구를 어디까지 (무엇으로) 데려다주다.
свій (своя́, своє, свої́)	my own	내 자신의
своéю машúною	by my own car	내 자신의 자동차로

대화문장의 이해

1. Вважáю, що тéплий свéтр.../Згóдна.(내 생각에는.../동감이야)

(자신의 생각을 표현하는 방법)

일반 대화에서 자신의 생각을 나타낼 때 자주 쓰는 표현들은 다음과 같다.

① 나는 ~라고 생각한다.

예문

Я дýмаю, що ...: Я дýмаю, що він мáє рáцію.
(나는 그가 옳다고 생각한다.)

Я вважáю, що ...: Я вважáю, що це дýже гáрний подарýнок взúмку.
(나는 이것이 겨울철에 매우 좋은 선물이라고 생각한다.)

На моЮ дýмку ...: На моЮ дýмку, це неможлúво.
(내 생각에는 이것은 불가능한 것 같다.)

② 동의한다 / 합의 되었다.

Я згóден(Я згóдна) / Згóда!

예문

Я згóден з вáшою дýмкою. (나는 당신의 생각에 동의 합니다).

③ 반대하지 않는다 / 반대한다, 대항한다.

Я не прóти / Я прóти + чóго 혹은 кóго(생격)

예문

Я не прóти вáшої дýмки. (나는 당신의 생각에 반대하지 않는다.)

Я прóти злóчину. (나는 범죄에 대항한다.)

④ 옳고, 그름의 표현

Ви ма́єте ра́цію.	(당신이 옳습니다.)
Пра́вда!	(진짜! 사실이야!)
Не пра́вда!	(거짓말!)
Ви помиля́єтеся.	(당신이 틀립니다. 당신이 실수하고 있습니다)
Пра́вильно?	(이게 맞습니까?)
Це пра́вда?	(이게 사실입니까? 이게 정말 입니까?)

2. Украї́нська зима́ ду́же холо́дна(우크라이나의 겨울은 매우 춥다):

우크라이나의 계절과 달

우크라이나는 한국과 같이 4계절을 갖고 있다. 여기서는 우크라이나의 봄, 여름, 가을, 겨울을 부르는 방법과 각 계절에 해당하는 달을 알아보도록 한다.

	весна́	봄	бе́резень	3월
			кві́тень	4월
	навесні́	봄에	тра́вень	5월
	лі́то	여름	че́рвень	6월
			ли́пень	7월
	влі́тку	여름에	се́рпень	8월
	о́сінь	가을	ве́ресень	9월
			жо́втень	10월
	восени́	가을에	листо́пад	11월
	зима́	겨울	гру́день	12월
			сі́чень	1월
	взи́мку	겨울에	лю́тий	2월

주의)

• 모든 달의 이름들은 항상 소문자로 시작된다.

• 또한 모든 달은 남성의 성을 가진다.

3. своє́ю маши́ною(내 차로): '나 자신의, 내 소유의'의 표현

'나 자신의, 내 소유의 (my own)' 의 의미를 지닌 소유대명사로 свій가 있다. свій는 다른 мій, твій와 같이 뒤에 따르는 명사의 성과 격에 따라 다음과 같이 변한다.

	단수			복수
	남성	여성	중성	남, 여, 중성
주격	свій	своя	своє	свої
생격	свого	своєї	свого	своїх
여격	своєму	своїй	своєму	своїм
대격	свій, свого	свою	своє	свої, своїх
조격	своїм	своєю	своїм	своїми
전치격	своєму, своїм	своїх	своєму, своїм	своїх

예문

Я мо́жу відве́зти тебе́ до магази́ну своє́ю маши́ною.

내가 가게까지 내 차로 데려다 줄게.

Я хо́чу розумі́ти свої́х дру́зів без перекладача́.

나는 통역가 없이 내 친구들과 의사소통하고 싶다.

Він зна́є свою спра́ву.

그는 그 자신의 일을 알고 있다.

문법의 이해

1. 명사의 여격

- 여격이란 문장에서 동사의 간접 목적어 역할을 하는 명사의 격을 말한다. 우리말의 '~에게'에 해당하며, 일정한 규칙에 의해 여격이 만들어 진다.

- 단수 남성명사는 -у/-ю 혹은 -ові/-еві/-єві 어미를 가지며, 여성명사는 -і/-ї, 중성명사는 -у/-ю 어미를 갖는다. 복수 남성, 여성, 중성명사는 모두 -ам/-ям 어미를 갖는다.

- 여격을 나타내는 단수 남성명사의 어미 -у/-ю와 -ові/-еві/-єві는 서로 바꿔 쓸 수 있다. 그러나 -ові/-еві/-єві 타입은 보통 활동체 명사에만 사용한다.

- 민족의 이름을 나타내는 남성명사의 여격어미에는 -у/-ю가 사용되며,-ові/-ев/-єві는 사용되지 않는다. 예 украї́нець → украї́нцю, америка́нець → америка́нцю, інді́єць → інді́йцю, поля́к → поля́ку, африка́нець → африка́нцю.

- 여격을 나타내는 단수 남성명사의 어미 -єві는 어미 앞의 자음이 й로 끝났을 때 사용한다. (예 Олексі́й - Олексі́єві)

① 남성명사

수	격	남자형제	친구	건물	선생님	영국인
단수	주격	брат	друг	буди́нок	учи́тель	англі́єць
	여격	бра́т-у/ові	дру́г-у/ові	буди́нк-у/ові	учи́тел-ю/еві	англі́йцю
복수	주격	брати́	дру́зі	буди́нки	учителі́	англі́йці
	여격	брата́м	дру́зям	буди́нкам	учителя́м	англі́йцям

② 여성명사

수	격	여자형제	거리	친구	책	만남
단수	주격	сестра́	ву́лиця	компа́нія	кни́га*	зу́стріч
	여격	сестрі́	ву́лиці	компа́нії	кни́зі	зу́стрічі
복수	주격	се́стри	ву́лиці	компа́нії	кни́ги	зу́стрічі
	여격	се́страм	ву́лицям	компа́ніям	кни́гам	зу́стрічам

• 어미 -а앞에 г, к, х 자음을 갖는 여성 명사들은 여격에서 자음 변화를 일으킨다. 즉 г, к, х가 -і 어미와 만나 з, ц, с로 변하게 된다. (예 подруга → подрузі, картка → картці, муха → мусі)

③ 중성명사

수	격	성	인생	나무	바다	이름
단수	주격	прі́звище	життя́	де́рево	мо́ре	ім'я́
	여격	прі́звищу	життю́	де́реву	мо́рю	і́мені*
복수	주격	прі́звища	життя́	дере́ва	моря́	імена́
	여격	прі́звищам	життя́м	дере́вам	моря́м	імена́м

• ім'я는 예외적으로 어미에 -і 어미가 붙는다.

2. 형용사의 여격

형용사의 여격은 형용사 어근이 경음인지, 연음인지에 영향을 받고, 남성, 여성, 중성형 어미를 가지며 변화하게 된다. 단수 남성과 중성명사를 수식하는 형용사의 어미는 -ому / -ьому이며, 단수 여성명사를 수식하는 형용사의 어미는 -ій이다. 복수 남성, 여성, 중성명사를 수식하는 형용사 어미는 동일하게 -им / -ім이다.

① 어근이 경자음으로 끝날 경우

성	단수		복수	
	주격	여격	주격	여격
남성	дóбр-ий	дóброму	дóбрі	дóбрим
여성	дóбра	дóбрій	дóбрі	дóбрим
중성	дóбре	дóброму	дóбрі	дóбрим

② 어근이 연자음으로 끝날 경우

성	단수		복수	
	주격	여격	주격	여격
남성	сúн-ій	сúн-ьому	сúні	сúнім
여성	сúня	сúній	сúні	сúнім
중성	сúнє	сúньому	сúні	сúнім

3. 소유대명사의 여격

① я와 ти의 소유대명사 주격과 여격

성	단수		복수	
	주격	여격	주격	여격
남성	мій / твій	моєму/твоєму	мої́ / твої́	мої́м / твої́м
여성	моя́ / твоя́	мої́й / твої́й	мої́ / твої́	мої́м / твої́м
중성	моє́ / твоє́	моєму/твоєму	мої́ / твої́	мої́м / твої́м

② ми와 ви의 소유대명사 주격과 여격

성	단수		복수	
	주격	여격	주격	여격
남성	наш/ваш	на́шому/ва́шому	на́ші/ва́ші	на́шим/ва́шим
여성	на́ша/ва́ша	на́шій/ва́шій	на́ші/ва́ші	на́шим/ва́шим
중성	на́ше/ва́ше	на́шому/ва́шому	на́ші/ва́ші	на́шим/ва́шим

4. 인칭대명사의 여격

인칭대명사의 여격은 다음과 같다.

단수 인칭대명사 주격	여격	복수 인칭대명사 주격	여격
я	мені́	ми	нам
ти	тобі́	ви	вам
він / вона / воно	йому́/ їй / йому́	вони	їм

4단계

상식코너

열 두달의 이름에 나타난 우크라이나인들의 친자연주의

유럽 여러나라들이 사용하는 12개월을 지칭하는 명칭들은 대체적으로 라틴어에서 유래된 것들이 많다. 특히 우크라이나인들과 이웃인 러시아인들도 12개월의 명칭을 라틴 이름에서 차용하였는데, 우크라이나인들은 계절의 변화에 따른 자연의 현상을 시적으로 표현한 명칭을 사용했다. 이런 점에서 우리는 우크라이나인들이 매우 친자연주적이었다는 사실을 짐작하게 된다.

- 우크라이나의 1월 сі́чень은 '자르다'는 뜻의 сікти에서 나온 말로 살을 애는 듯한 바람이 부는 추운 계절을 연상케 한다.
- 2월 лю́тий는 '화난'이라는 형용사에서 나온 말로, 말 그대로 날씨의 변덕스러움과 혹독한 추위가 느껴진다.
- 3월 бе́резень은 '자작나무'를 의미하는 бере́за에서 유래한 명칭으로 자작나무의 새싹들이 봄을 알리는 모습을 연상하게 된다.
- 4월 кві́тень은 꽃을 의미하는 'кві́тка, кві́ти' 단어에서 기원했으며, 꽃이 피는 시기를 암시한다.
- 5월 тра́вень은 들판의 풀을 뜻하는 трава́에서 유래했으며, 초록색의 풀이 대지를 덮는 모습을 연상할 수 있다.
- 6월 че́рвень은 빨간 색을 말하는 черво́ний에서 나온 명칭으로 빨갛게 무르익는 과일들을 머릿속에 그리게 된다.

- 7월 ли́пень은 참피나무를 지칭하는 ли́па에서 나온 단어로 한 여름 우크라이나에 무성하게 자라나는 참피나무를 상징적으로 표현한다.
- 8월 се́рпень은 낫을 의미하는 серп에서 유래한 이름으로 낫으로 농산물을 수확해야 하는 때임을 말해주고 있다.
- 9월 ве́ресень은 보라색과 분홍색의 꽃을 피우는 히스라는 식물인 ве́рес의 이름에서 유래되었다.
- 10월 жо́втень은 노란색을 의미하는 жо́втий에서 나온 명칭으로 가을을 맞아 단풍이 져 가는 산천을 연상케 한다.
- 11월 листо́пад는 나뭇잎을 말하는 лист와 떨어지다를 의미하는 па́дати가 합쳐져 나뭇잎이 떨어지는 계절을 말해준다.
- 12월 гру́день은 '매우 추운' 을 뜻하는 형용사 гру́дка나 грудкува́тий에서 나온 단어로 대지가 처음으로 얼게 되는 달임을 말하여 준다.

문화의 이해

우크라이나인들의 새해맞이 Новорі́чні зви́чаї украї́нців

우크라이나는 다른 문화권에 위치하고 있는 먼 이웃이다. 그러나 우리 민족과 같이 주로 농사에 종사했던 우크라이나인들은 우리와 같이 계절 및 농사와 관련된 세시풍속들을 갖고 있다. 우리가 양력설과 음력설을 지내듯이, 우크라이나인들도 구력(율리우스력)과 신력(그레고리우스력)에 따라 두 번의 설을 지내게 된다. 구력에 의한 날짜계산 방식은 20세기에 와서는 신력보다 13일 늦게 된다. 따라서 구력으로 12월 31일은 현재 사용되는 신력의 1월 13일에 해당된다. 현재도 많은 우크라이나인들이 구력에 따라 세시풍속을 기념하고 있다.

우크라이나인들의 새해맞이는 12월 31일 "말란카"(мала́нка) 혹은 "관대하고 푸짐한 저녁"(Ще́дрий ве́чір)행사를 하면서 시작된다. "말란카"는 흥이 넘치는 재미나는 축제로 바실과 말란카라는 이름의 할아버지, 할머니가 주요인물로 등장한다. 남녀의 역을 바꾸어 분장한 바실과 말란카가 "곰", "산양" 등과 같은 동물들과 함께 출현하여 동네를 돌아다니며 즉흥극을 벌이게 된다. 시체드리우키(щедрі́вки)라는 신년 축하 노래와 코믹한 연극을 통해 긴 겨울을 무사히 보내고 생명력 있는 봄을 맞이하자는 농민들의 염원을 표현하게 되는데, 남녀의 역할을 바꾸어 연기를 하면서 평상시에 있을 수 있는 사회의 불만과 성적 갈등을 해소하고, 인간, 동물을 비롯한 모든 생명체와 사물들과의 대화를 통해 앞으로 다가올 한 해 동안의 평안과 번영을 기원한다.

말란카 축제때 사용하는 가면들

새해가 밝아 오면 어린 소년들이 동네의 가정들을 방문하게 되는데, 집안으로 초대된 어린이들은 자신들의 조그마한 손에 쥐어진 곡식들을 바닥에 던지며 "이 댁의 행복과 건강을 기원합니다."라고 말한다. 그런 뒤 아이들은 새해맞이 노래를 부르며, "신이시여, 이 댁에 호밀과 밀, 다른 모든 곡식의 풍요를 가져다주세요"라고 외친다. 지역에 따라 아이들은 산양으로 분장하여 방문하기도 하며, 간혹 성인들이 푸르른 상록수 가지와 갖가지 화려한 색실로 장식된 말이나 소 등을 직접 동네 사람들의 집안으로 끌고 들어가 곡식을 뿌리며 염원을 전하곤 한다.

우리의 쥐불놀이처럼 우크라이나에서도 신년이 되면 겨울철동안 모아 놓았던 지푸라기를 농지 위에 모아 놓고 태우는 의식을 가졌다. 불이 갖는 힘을 이용하여 개인의 질병과 불임 등을 퇴치하고자 집혀 놓은 불 위를 뛰어 넘는 풍습도 있었다. 조상신, 할아버지 신을 의미하는 디두흐(дíдух)라고 불리는 사람 모양의 짚을 들고 나와 태우기도 하면서 한 해 동안 조상신들께 농사의 번영을 빌기도 했다.

농사의 번영과 가정의 안정을 기원하는 새해맞이 의례들은 봄맞이 의례로 이어지게 된다. 우크라이나의 봄철은 겨울과 봄의 만남을 의미하는 "스트리텐냐(стрíтення, 2월 15일)"의 날에 시작되는 것으로 여겨진다. 이날은 공교롭게 종교상 "성모마리아의 정화의 축일"이기도 한데, 오래 전 우크라이나인들은 겨울과 봄을 늙은 여인과 젊은 여인에 비유하여, 이 날 두 사람이 만나는 것으로 생각했다. 이 날에 행해지는 의례 중에 가장 중요한 것은 물과 초의 정화의례이다. 교회의 신부에 의해 정화된 물은 한 번도 사용하지 않은 용기에 담아지고, 불 밝혀진 초는 집에까지 운반되었다. 농부는 정화된 물을 집이나 농장의 건물들에 뿌려 악귀를 몰아냈고, 축성 받은 초와 물로 가족들의 건강을 보호하고, 가축들의 다산과 풍년을 기원했다. 우크라이나인들에게 있어 실제적으로 봄이 시작된다고 믿어지는 날은 멀리 따뜻한 지방에 갔던 철새들이 돌아오는 때였다고 한다. 오래 전 우크라이나인들은 새들이 날개에 봄의 기운과 더불어 새로 탄생할 아이들의 영혼과 죽은 조상들의 영혼을 함께 가져온다고 믿었다. 우리민족과 같이 우크라이나인들도 제비가 사람들에게 봄을 가져다준다고 생각했다.

조상신을 상징하는 디두흐 태우기

이와 같이 농사에 종사했던 우크라이나인들은 새해와 봄을 맞으면서 우리 민족과 유사한 생각과 염원, 세시풍속을 가졌던 것으로 보인다. 그들의 새해맞이 풍속을 통해 멀고도 먼 이웃인 우크라이나인들이 조금 더 가깝게 느껴지는 듯하다.

Дев' ятий урок

9

У ресторáні

레스토랑에서

Діалóг : С: Сті́вен / О: Офіціáнт(종업원)

С : У вас є стóлик на двох?
우 바쓰 예 스똘르익 나 드보흐

О : Так, прохóдьте за мнóю, будь лáска.
딱, 쁘로호디떼 자 므노유 부드 라스까

С : Дуже дя́кую.
두줴 댜꾸유

О : Прóшу, сідáйте. Ось тут менú.
쁘로슈, 씨다이떼. 오씨 뜻 메뉴

С : Що ви порáдите? Я б хоті́в скуштувáти традиці́йні украї́нські стрáви.
쉬초 브이 뽀라드이떼 야 브 호띠우 스꾸쉬뚜바뜨이 뜨라드이찌니 우끄라인스끼 스뜨라브이

О : Я можу порáдити вам варéники і борщ.
야 모주 뽀라드이뜨이 밤 바레느이끄이 이 보르쉬치

С : Скажі́ть, а з чим варéники готýють?
스까쥣, 아 즈 츠임 바레느이끄이 호뚜윳

О : Варéники – украї́нські галушкú. Їх готýють з картóплею та сúром.
바레느이끼이 – 우끄라인스끼 할루쉬끄이 이흐 호뚜윳 즈 까르또쁠레유 따 쓰이롬

С : А з чим готýють борщ?
아 즈 츠임 호뚜윳 보르쉬치

О : Борщ - овочéвий суп. Йогó готýють з бурякóм, картóплею, мóрквою та капýстою.
보르쉬치 – 오보체브이 숩. 이오호 호뚜윳 즈 부랴꼼, 까르또쁠레유 모르끄보유 따 까뿌스또유.

С : Як багáто компонéнтів! Принесі́ть нам, будь лáска, дві пóрції борщý та дві пóрції варéників.
약 바하또 꼼뽀넨띠우 쁘르이네스띠 남, 부드 라스까, 드비 뽀르찌이 보르쉬추 따 드비 뽀르찌이 바레느이끼우

О : Я скóро повернýся з вáшим замóвленням.
야 스꼬로 뽀베르누샤 즈 바쉼 자모블레냠

두 사람 좌석이 있습니까?
예, 저를 따라오시겠어요.
대단히 감사합니다.
앉으십시요. 여기 메뉴가 있습니다.
무엇을 추천해 주실수 있나요?
저는 우크라이나 전통음식을 먹고 싶은데요.
당신들께 바레니키와 보르쉬치를 추천해 드릴 수 있습니다.
바레니키가 무엇으로 만들어지는지 말씀해 주시겠어요.
바레니키는 우크라이나 만두입니다.
이것들은 감자와 치즈로 만듭니다.
그러면 보르쉬치는 무엇으로 만드나요?
보르쉬치는 야체 스프입니다.
이것은 빨간 무(비트), 감자, 당근, 그리고 양배추로 만듭니다.
정말로 많은 내용물들이군요!
저희들에게 보르쉬치 2인분과 바레니키 2인분을 가져다 주시겠어요.
곧 당신들 음식을 가지고 오겠습니다.

1 단계

단어 익히기

Словник	Vocabulary	단 어
сто́лик	table	(보통 식당에 있는 작은) 테이블(n. 남성, 단수, 주격)
на двох	for two (people)	두 사람을 위한
сідайте(원형 сідати)	sit	앉으세요.(v. 명령형)
за мно́ю(за ким)	after me	저의 뒤를(따르세요)
меню́	menu	메뉴(n. 중성, 단수, 주격)
пора́дите (원형 порадити)	(please) advice, recommand (me)	조언해 주세요 추천해 주세요 (v. 2인칭, 복수, 명령형)
скуштувати	to taste of	먹어보다. 맛을 보다.(v)
традиційний(a, e, i)	traditional	전통의(a)
український(a, e, i)	Ukrainian	우크라이나의(a)
стра́ви	dishes, courses	음식, 코스 (n. 여성, 복수, 주격)

варéники	Ukrainian dumplings	바레니키 (n. 남성, 복수, 대격)
борщ	Ukrainian beet soup	보르쉬치 (n. 남성, 단수, 대격)
скажíть (원형 сказáти)	say	말해주세요.(v. 명령형)
з чим(조격)	with what	~으로, ~을 가지고
готýють (원형 готýвати)	(they) prepare	준비하다. (v. 3인칭, 복수)
галушкѝ	small boiled dumpling	작은 삶은 만두 (n. 여성, 복수, 주격)
картóплею	(with) potato	감자로(n. 여성, 단수, 조격)
з картоплею	with potato	감자로, 감자를 가지고
та	and	그리고
сѝром	(with) cheese	치즈로, 치즈를 가지고 (n. 남성, 단수, 조격)
овочéвий	of vegetable	야채의(a)
суп	soup	스프, 국 (n. 남성, 단수, 주격)
бурякóм	beet	사탕무, 빨간 무 (n. 남성, 단수, 조격)
мóрквою	carrot	당근(n. 여성, 단수, 조격)
капýстою	cabbage	배추(n. 여성, 단수, 조격)
багáто(+ 복수생격)	many, much	많은
компонéнтів	components	구성요소들 (n. 남성, 복수, 생격)
Принесíть (원형 принести)	take in(명령형)	가지고 들어오시오. (v. 명령형)
пóрції	portion	인분(n. 여성, 복수, 주격)
повернýся (원형 повернýтися)	(I will) come back	(제가)돌아오지요. (v. 1인칭, 현재)
замóвленням	order	주문 (n. 중성, 단수, 조격)

대화문장의 이해

1. 'У вас є столик на двох?' (사람의 명수를 세는 법)

대화문장의 첫머리에 '두 사람 좌석이 있습니까?'의 표현으로 'У вас є столик на двох?'을 소개했다. 여기서 'на двох'는 두 사람을 의미하는 것으로 на двох людей에서 людей(사람)가 생략된 것이다. 전치사 на는 이 문장에서 대격 명사를 요구하기 때문에 люди의 대격 людей가 사용되었다. 두 사람, 세 사람 등 사람을 세는 방법에는 다음의 두 가지가 있다.

① 일반 기수 + 사람을 나타내는 명사

이미 앞에서 배운 일반 기수(один, два, три, чоти́ри 등)와 사람을 나타내는 명사(чолові́к, брат, сестра́, лю́ди 등)를 붙여 쓰면 된다.

예 один чолові́к/два(три, чоти́ри) чолові́ки/п' я́ть чолові́ків

한 사람 / 두(세, 네) 사람 / 다섯 사람

② 집합의 수(collective number) + 생격의 복수 명사

우크라이나어에는 집합적인 수 개념이 존재하는데, 집합의 수 다음에 복수 생격명사를 써서 дво́є чолові́ків, тро́є чолові́ків이라고 한다. 이 때 해석은 남자 두명, 남자 세명 이라고 하면 된다. 아래에는 2에서 10까지의 집합 수를 소개했다.

수	집합의 수	해석
2	двоє чоловіків	남자 둘
3	троє чоловіків	남자 셋
4	четверо чоловіків	남자 넷
5	п' ятеро чоловіків	남자 다섯
6	шестеро чоловіків	남자 여섯
7	семеро чоловіків	남자 일곱
8	восьмеро чоловіків	남자 여덟
9	дев' ятеро чоловіків	남자 아홉
10	десятеро чоловіків	남자 열

예문

У нього тро́є сесте́р. 그는 여자 형제 셋이(세명의 여자형제가) 있다.

Їх у нього́ тро́є. 그는 그들(여자 형제) 세명을 갖고 있다.

Нас бу́ло че́тверо. 거기에는 우리들 네명이 있었다.

2. на двох(수사의 격)

수사도 형용사와 같이 뒤에 따르는 명사의 수와 격에 따라 어미 변화를 한다. 일반 기수와 집합 수의 격변화는 다음과 같다.

• один의 격변화

	남성	여성	중성	복수
주격	один	одна	одне, одно	одні
생격	одного	однієї	одного	одних
여격	одному	одній	одному	одним
대격	один, одного	одну	одне, одно	одні, одних
조격	одним	однією	одним	одними
전치격	однім, одному	одній	однім, одному	одних

• два, обидва의 격변화

	남성	여성	중성	복수
주격	два	дві	два, дві	обидва
생격	двох	двох	двох	обох
여격	двом	двом	двом	обом
대격	два, двох	дві, двох	два, дві	обидва, обох
조격	двома	двома	двома	обома
전치격	двох	двох	двох	обох

• три, чотири / троє, четверо의 격변화

	три	три	чотири	четверо
주격	три	три	чотири	четверо
생격	трьох	трьох	чотирьох	чотирьох
여격	трьом	трьом	чотирьом	чотирьом
대격	три, трьох	три, трьох	чотири, чотирьох	четверо чотирьох
조격	трьома	трьома	чотирма	чотирма
전치격	трьох	трьох	чотирьох	чотирьох

• п'ять, шість/п'ятеро, шестеро의 격변화

	п'ять	п'ятеро	шість	шестеро
주격	п'ять	п'ятеро	шість	шестеро
생격	п'яти	п'ятьох	шести	шістьох
여격	п'яти	п'ятьом	шести	шістьом
대격	п'ять	п'ятеро, п'ятьох	шість	шістьох шестеро
조격	п' ятьма	п' ятьома	шістьма	шістьома
전치격	п' яти	п' ятьох	шести	шістьох

• сім, вісім / семеро, восьмеро의 격변화

	сім	семеро	вісім	восьмеро
주격	сім	семеро	вісім	восьмеро
생격	семи	сімох	восьми	вісьмох
여격	семи	сімом	восьми	вісьмом
대격	сім	семеро, сімох	вісім	вісьмох, восьмеро
조격	сьома	сімома	вісьма	вісьмома
전치격	семи	сімох	восьми	вісьмох

• дев'ять, десять / дев'ятеро, десятеро의 격변화

	дев' ять	дев' ятеро	десять	десятеро
주격	дев' ять	дев' ятеро	десять	десятеро
생격	дев' яти	дев' ятьох	десяти	десятьох
여격	дев' яти	дев' ятьом	десяти	десятьом
대격	дев' ять	дев' ятьох дев' ятеро	десять	десятьох десятеро
조격	дев' ятьма	дев' ятьома	десятьма	десятьома
전치격	дев' яти	дев' ятьох	десяти	десятьох

3. 레스토랑에서 알아야 할 표현과 용어

상황	표현	해석
예약을 하고 싶을 때	Я хóчу замóвити стóлик на зáвтра на(+ 대격 시간: шóсту годи́ну)	저는 내일 6시 테이블을 예약하고 싶습니다.
	Я хóчу(=хóтів би) замóвити стóлик на чотирьóх на сьóгодні на шóсту годи́ну	저는 오늘 저녁 6에 4사람을 위한 테이블을 예약하고 싶습니다.
	Я хóтів би замóвити стóлик на зáвтра на обід.	저는 내일 점심식사 예약을 하고 싶습니다.
식당에 들어와서	у вас є стóлик на(수의 대격)	~명의 자리가 있습니까?
	у вас є ві́льні стóлики?	빈 자리가 있습니까?
메뉴판	Мóжна подиви́тися меню́?	메뉴를 볼 수 있을까요?
	У вас є меню́ корéйською мóвою?	한국어로 된 메뉴가 있으십니까?
메뉴에 대한 문의	Які́ у вас є фірмóві стрáви?	어떤 특별한 음식이 있습니까?
	Що особли́вого є у вашому меню́ сьóгодні?	오늘 메뉴에서 특별한 음식이 무엇인가요?
	Що ви порáдитé*? (меню는 중성명사로 모든 격에서 меню 한 형태로만 쓰인다)	메뉴에서 무슨 음식을 추천하시나요?

상황	표현	해석
주문	Я візьму́* (борщ) * 원형 взя́ти (take)	저는 (보르슈츠)를 택하겠습니다.
	Я б хоті́в / хоті́ла (борщ)	저는 (보르슈츠)를 원합니다.
	Можно покуштува́ти* (борщу́: 생격)? * 영어로 to eat의 의미 참고) скуштува́ти는 영어로 to taste, to try	(보르슈츠)를 먹을 수 있을까요?
	Ви мо́жете принести́ скля́нку холо́дної води́ з льо́дом?	어름이 든 차가운 물 한잔을 가져다 주시겠습니까?
	Поміня́йте, будь ла́ска, ло́жку (виде́лку, скля́нку)	스푼(포크, 컵)을 바꿔주세요.
	Принесі́ть, будь ла́ска, скля́нку води́.	물 한 잔 가져다 주세요.
	Да́йте, будь ла́ска, ще два прибо́ри.	두 개의 세팅을 더 해주시겠어요.
맛에 대한 평가	Це прекра́сні стра́ви!	(이것들은) 굉장히 훌륭한 요리들이군요!
	Було́ ду́же сма́чно.	아주 맛있었습니다.
계산	Мо́жна раху́нок?	계산서 주시겠어요?
	Ви прийма́єте креди́тні картки́?	신용카드 받으세요?
	Мо́жна квита́нцію, будь ла́ска?	영수증 받을 수 있을까요?
	Ось тут чайові́ для вас.	여기 당신을 위한 봉사료입니다.

메뉴

Меню́(메뉴)

Заку́ски(전체요리)

- ри́бне асорті́(생선 모듬)
- м'ясне́ асорті́(고기 모듬)
- холоде́ць(젤리로 만든 고기)
- сала́т(셀러드)

Пе́рша стра́ва(제 1코스)

- борщ(з пампушка́ми) (보르슈츠와 작은 마늘 빵)
- квасо́ляний суп(콩 국)
- грибни́й суп(버섯 국)
- картопля́ний суп(감자 국)
- овоче́вий суп(야채 국)
- бульйо́н(고기 국)

Дру́га стра́ва(제 2코스)

- варе́ники, голубці́, ковбаса́ (바레니키, 양배추말이밥, 우크라이나 전통소시지)
- ро́стбіф(로스트 소고기)
- біфште́кс(소고기 스테이크)
- відбивна́ котле́та(커틀렛)
- шашли́к(샤슬릭, 케밥)
- омле́т(오믈렛)
- соси́ска(소시지)

Десерт(디저트)

- кисі́ль(과일 젤리)
- торт(ті́стечко)(케이크 중/소)
- моро́зиво(아이스크림)
- желе́(젤리)
- пирі́г(파이)

문법의 이해

1. 명사의 조격

조격은 행위를 수행하는 방법이나 수단, 도구를 표현할 때 사용된다. 예를 들어, '나는 연필로 쓴다,' 와 '나는 버스로 학교에 간다' 에서 '연필로' 와 '버스로' 가 문장에서 조격으로 사용된 것이다.

조격으로 사용되는 경우를 살펴보자.

- 행위를 수행하는 수단이나 방법

Я їм десéрт лóжкою. 나는 디저트를 스푼으로 먹는다.

Він пи́ше олівцéм. 그는 연필로 글을 쓰고 있다.

Ми говóримо украї́нською мóвою.

우리는 우크라이나어로 대화를 하고 있다.

- '~와 함께' 라는 의미의 전치사 з 뒤에서

Він з дрýгом ї́де в університéт.

그는 친구와 함께 대학교에 가고있다 (간다).

Я п' ю чай з молокóм і цýкром.

나는 우유, 설탕과 함께 차를 마신다.

- 교통수단

Я ї́ду пóтятом до Ки́єва. 나는 기차로 키예프에 간다.

Я лечý до Сеýла літакóм 나는 비행기로 서울에 간다.

Вони́ ї́дуть автóбусом до університéту.

그들은 버스로 대학에 간다.

- 거리, 광장, 도시(вýлиця, плóща, мі́сто)를 따라서

Я хóчу погуля́ти вýлицями Сеýла.

나는 서울의 거리를 따라서 산책하고 싶다.

Я йдý Хрещáтиком.

나는 흐레슈츠틱 거리를 따라 걸었다.

- 직업의 묘사

Він працю́є лі́карем.

그는 의사로 일을한다. (그는 의사이다.)

Сті́вен працю́є дирéктором. 그는 관리자이다.

• 조격을 요구하는 동사와 함께

Вонá цікáвиться мýзикою.

그녀는 음악에 관심이 있다.

Я займáюся украї́нською мóвою.

나는 우크라이나어를 공부한다.(전공한다.)

Я бýду займáтися квиткáми.

내가 표에 관한 일을 맡을것이다.

• '~이 되다,' '될 것이다'를 나타내는 бути(to be) 혹은 стати (to become)과 같은 동사와 함께,

Він бýде лі́карем. 그는 의사가 될 것이다.

Він стáне лі́карем. 그는 의사가 될 것이다.

조격을 만드는 방법

• 단수 남성, 중성명사는 -ом/-ем(-єм) 어미를 가지며, 여성명사는 -ою/-ею(єю) 어미를 갖는다. 복수 남성, 여성, 중성명사는 모두 -ами/-ями 어미를 갖는다.

• 명사의 어근이 경자음으로 끝날 경우에는 -ом, -ою, -ами 어미가 오며, 연자음으로 끝날 경우 -ем, -ею, -ями가 온다.

• 조격을 나타내는 단수 남성명사의 어미 -єм은 어미 앞의 자음이 й로 끝났을 대 사용한다. (예 трамвáй - трамвáєм)

• 조격을 나타내는 단수 여성명사의 어미 -єю는 어미 앞에 모음 (і)이 올 때 사용한다. (예 компáнія - компáнією)

① 남성명사

• 비활동체

수	격	건물	연필	책상	텔레비전	전차(트램)
단수	주격	буди́нок	олíве́ць	сті́л	телеві́зор	трамва́й
	조격	буди́нком	олівце́м	сто́лом	телеві́зором	трамва́єм
복수	주격	буди́нки	олівці́	сто́ли́	телеві́зори	трамва́ї
	조격	буди́нками	олівця́ми	сто́ла́ми	телеві́зорами	трамва́ями

• 활동체

수	격	남자형제	친구	아버지	선생님	영국인
단수	주격	брат	друг	ба́тько	учи́тель	англі́єць
	조격	бра́том	дру́гом	ба́тьком	учи́телем	англі́йцем
복수	주격	брати́	дру́зі	батьки́	учителі́	англі́йці
	조격	брата́ми	дру́зями	батька́ми	учителя́ми	англі́йцями

② 여성명사

수	격	여자형제	거리	친구	책	만남
단수	주격	сестра́	ву́лиця	компа́нія	кни́га	зу́стріч
	조격	сестро́ю	ву́лицею	компа́нією	кни́гою	зу́стріччю*
복수	주격	се́стри	ву́лиці	компа́нії	книги́	зу́стрічі
	조격	се́страми	ву́лицями	компа́ніями	кни́гами	зу́стрічами

• зустріч의 단수 조격은 규칙에서 벗어나 зустріччю가 되었음에 유의하자.

• 조격에서 "-ю" 어미를 갖는 일부의 여성 단수명사들은 "-ю" 어미 앞에 중복자음이 오게 된다. 예 річ - річчю, відповідь - відповіддю.

③ 중성명사

수	격	성	인생	나무	바다	이름
단수	주격	прíзвище	життя́	де́рево	мо́ре	ім' я́
	조격	прíзвищем	життя́м*	де́ревом	мо́рем	íменем
복수	주격	прíзвища	життя́	дере́ва	моря́	імена́
	조격	прíзвищами	життя́ми	дере́вами	моря́ми	імена́ми

• **життя**의 단수 조격은 어미에 -ом/ем이 아닌 -ям이 왔다는 점에 주의하자.

2. 형용사의 조격

단수 남성과 중성명사를 수식하는 형용사의 어미는 -им/-ім이며, 단수 여성명사를 수식하는 형용사의 어미는 -ою/ньою이다. 복수 남성, 여성, 중성명사를 수식하는 형용사 어미는 동일하게 -ими/-іми이다.

① 어근이 경자음으로 끝날 경우

성	단수		복수	
	주격	조격	주격	조격
남성	до́бр-ий	до́брим	до́брі	до́брими
여성	до́бра	до́брою	до́брі	до́брими
중성	до́бре	до́брим	до́брі	до́брими

② 어근이 연자음으로 끝날 경우

성	단수		복수	
	주격	조격	주격	조격
남성	си́ній	си́нім	си́ні	си́німи
여성	си́ня	си́ньою	си́ні	си́німи
중성	си́нє	си́нім	си́ні	си́німи

3. 소유대명사의 조격

① я와 ти의 소유대명사 주격과 여격

성	단수		복수	
	주격	조격	주격	조격
남성	мій/твій	моїм/твоїм	мої/твої	моїми/твоїми
여성	моя́/твоя́	моє́ю/твоє́ю	мої/твої	моїми/твоїми
중성	моє́/твоє́	моїм/твоїм	мої/твої	моїми/твоїми

② ми와 ви의 소유대명사 주격과 여격

성	단수		복수	
	주격	조격	주격	조격
남성	наш / ваш	на́шим/ва́шим	на́ші / ва́ші	на́шими/ва́шими
여성	на́ша / ва́ша	на́шою/ ва́шою	на́ші / ва́ші	на́шими/ва́шими
중성	на́ше / ва́ше	на́шим/ва́шим	на́ші / ва́ші	на́шими/ва́шими

4. 인칭대명사의 조격

• я와 ти의 인칭대명사 주격과 여격

인칭과 성	단수		복수	
	주격	조격	주격	조격
1	я	мно́ю	ми	на́ми
2	ти	тобо́ю	ви	ва́ми
3(m)	він	ним	вони́	ни́ми
(f)	вона́	не́ю		
(n)	воно́	ним		

상식코너

우크라이나인들의 주소

우크라이나에서 주소를 말하거나 쓸 때 다음과 같이 한다.

1) 거리의 이름　2) 빌딩의 번호　3) 아파트 번호
Вул.Франка, буд. 15, кв. 230(기본 형태)
Вул.Франка, 15 / 230(짧은 형태)

여기서 Вул.은 вулиця의 약자로 '거리'를 의미한다. Франка는 거리 이름으로 20세기 유명한 우크라이나 문인 Іван Франко의 이름을 따서 만들어 졌다. '프란코의 거리'를 의미하기 위해 Вул. 다음에 생격 Франка를 썼다. 그리고 буд. 15는 будúнок 15의 약자로 빌딩 15번 을 의미한다. 또한 кв. 230은 квартúра 230으로 아파트 230호를 말한다. 간혹 위의 주소를 짧게 쓰기 위해 건물과 아파트를 의미하는 'буд.' 'кв.'를 생략하고 번호만 15 / 230라고 쓰기도 한다.

우크라이나인들의 아파트 빌딩에 막상 가 보면 빌딩 하나에 들어가는 입구가 여러 개 있는 것을 발견하게 된다. 따라서 반드시 입구(під'ї́зд)의 번호를 사전에 알아야 한다. 또한 각 입구에는 보안 시스템이 되어 있어 코드(код)를 눌러야 통과할 수 있게 된다. 따라서 누군가의 집에 방문할 때, 혹은 초대할 때 주소뿐만 아니라, під'їзд 와 код 번호도 확실히 언급해야 한다. 상대방의 주소를 묻는 기본적인 질문에는 다음의 것들이 있다.

Яка вáша адрéса?	당신의 주소가 어떻게 됩니까?
Який це нóмер будúнку?	건물 번호가 무엇입니까?
Який нóмер вáшого бýдинку?	당신 건물의 번호가 무엇입니까?
Який нóмер вáшої квáртири?	당신 아파트 번호가 어떻게 됩니까?

Який ваш під'їзд?
당신(아파트건물의) 입구(번호)가 무엇인가요?
Який у вас код замкá на двéрях?
(아파트)문 자물쇠 코드가 어떻게 됩니까?

도시, 마을, 대로, 거리 등을 나타내는 이름들의 약자는 다음과 같다.

бул.	бульвáр	대로(boulevard)
пров.	провýлок	골목길(lane)
м.	мíсто	도시(city)
просп.	проспéкт	대로(avenue)
пл.	плóща	광장(square)
с.	селó	시골(village)

5단계

문화의 이해

"동"과 "서" 사이의 우크라이나

우크라이나를 보통 동과 서 사이에 위치한다고 한다. 그렇다면 우크라이나 역사에 있어 "동"과 "서"는 과연 무엇을 의미하는가? 우크라이나의 역사에서 "서"는 전체로서의 유럽을 의미하는 것이다. 우크라이나를 유럽민족 공동체의 유기적 구성원으로 볼 경우 우크라이나는 "서"에 속한다고 말 할 수 있다. 우크라이나가 역사상 어떠한 유럽 국가들과 밀접한 관계를 가져 왔는가를 살펴보면, 키이우 루스 공국 시기로부터 전 우크라이나 역사시기에 걸쳐 간헐적으로 프랑스와 영국과 관계를 맺어 왔었다. 그러나 좀더 근대의 우크라이나 역사에 있어 "서유럽"이라고 했을 때, 북부지역과 발트 해로부터 다뉴브 언덕에 이르는 독일어권 지역, 다시 말해 독일과 독일동부지역에 위치한 지역- 보헤미아, 헝가리, 폴란드 - 을 의미했는데, 이후 이 지역은 "중동부 유럽"이라고 학계에서 불려졌다. 이들 국가들 이외에 우크라이나는 발트해 지역, 스칸디나비아 지역, 스웨덴과 역사상 밀접한 관계를 유지했다. 우크라이나는 이들 유럽권 민족(국가)들과 역사상 교류를 해오면서 영향을 받아 왔으며, 유럽권의 문화는 비록 완벽하게는 아닐 지라도, 우크라이나 정체성의 구성성분이 되었다고 볼 수 있다.

우크라이나의 역사 속에서 "동"은 두 가지 의미를 가지고 있다. 한편으로는 동방 정교의 세계와 비잔틴의 문화 전통을 의미하고 있고, 다른 한편으로는 유라시아의 유목민과 유목문화를 의미하고 있다. 두개의 다른 의미를 지닌"동"은 우크라이나의 역사정체성 형성에 완전히 다른 방식으로 영향을 미쳤다. 유라시아의 유목민과 우크라이나 역사와의 관계를 먼저 설명하면, 유라시아의 유목민은 우크라이나의 역사발전에 큰 방해 요소로 작용을 했었다고 볼 수 있다. 탁 트인 스텝 지역을 통해 우크라이나는 유목민들의 계속적인 공격을 받으면서, 많은 인명 피해를 입었고 도시의 파괴를 경험하였다. 키이우 루스 공국은 이미 발달된 도시를 가지고 있었는데, 13세기 몽골타타르의 공격으로 도시들이 체계적으로 파괴되어 갔고, 상업루트가 단절이 되면서 중세 루스의 번성했던 문명이 쇠퇴하게 되었다. 타타르와의 싸움은 이후의 역사속에서 타타르가 자치령을 획득할 때까지 계속되었는데, 이러한 긴 싸움 속에서 우크라이나는 한편으로 강력한 방어전선을 구축하면서 강한 민족성을 형성해 갈 수 있었다. 특히 16, 17세기 자치적 군사조직체로 일컬어지는 우크라이나의 코자크는 광활한 스텝지역에서 타타르들을 대적하며 우크라이나의 농민들을 보호하는 역할을 하게 되는데, 결국 코자크는 우크라이나를 대표하는, "자유"와 "민주주의"의 상징적인 인간형으로 자리하게 되었다.

기나긴 유라시아 유목민과의 싸움과 영향에도 불구하고 유목문화는 결코 우크라이나인들을 유라시아인으로 만들지는 않았다. 유목문화는 내부적으로 제도화되지 못하고, 우크라이나 민족성의 구성 요소가 되지 못한 채 외부적으로만 영향을 미쳤다. 우크라이나 사회, 문화의 핵심적 요소를 구성하고 민족성 형성에 지대한 영향을 미친 것은 유목문화가 아닌 비잔틴의 종교와 문화적 전통이었다. 비잔틴의 종교, 문화전통의 긍정적 영향에도 불구하고, 우크라이나의 역사학자인 스테판 토마시우스키(Stepan Tomashivsky)는 키이우 루스 공국이 동방정교를 받아들인 것은 큰 역사적 실수였다고 언급했다. 이와 같은 관념의 발상은 그리스-비잔틴 문화의 화려함과 정교함에도 불구하고 너무 정적이며, 서유럽권, 라틴 기독교문화가 갖는 역동성과 창조성을 결여했다고 보는데서 시작되었다. 그러나 루드니쯔키(Ivan L. Rudnytsky)와 같은 역사학자들은 키이우 루스는 결코 서유럽의 라틴문화권과 격리되어 있지 않았으며, 정치적으로 문화적으로 영향을 받아 왔었다고 주장하고 있다. 그에 따르면, 키이우 루스의 문화는 동방, 그리스, 비잔틴의 종교와 문화전통에 영향을 받았던 반면, 사회 정치적 시스템에 있어서는 서유럽의 영향을 받았다고 한다. 비잔틴의 정치체계, 다시 말해 비잔틴의 신권정치는 키이우 루스 공국에시는 찾아 볼 수 없으며, 이후 모스크바 공국이 형성이 되어 동방전제주의(oriental despotism)가 확립이 될 때 영향을 미쳤다고 보고 있다.

키이우 루스 공국의 사회체제는 계약관계, 개인의 권리와 존엄성에 대한 엄격한 존중, 귀족과 대중의회에 의한 왕권의 제한, 자치적인 도시의 생활, 연방주의적 특성에 가까운 지방분권주의 등에 의해 특징지워지며, 이 모든 것들은 키이우 루스 정치체제에 독특한 자유주의적 흔적을 부여했으며, 이후 시기들의 우크라이나 국가 조직들을 성격지웠다. 13세기에서 14세기의 할리치나-볼린 공국은 봉건적 구조로 발전했고, 봉건적 의회정치제도를 포함한 성숙한 봉건주의는 14세기에서 16세기를 거치면서 리투아니아-루테니안 국가 속에서 발견될 수 있으며, 17세기와 18세기의 코자크의 헤트만국가는 근대화된 신분체계를 소유하고 있었다.

이와 같이 루드니쯔키는 우크라이나 민족의 특성이 키이우 루스 국가의 시기로부터 추적되며, 14세기 폴란드와 리투아니아의 지배를 받게 되면서 많은 서구적 영향들을 받아들이게 되고, 17-18세기 헤트만 국가에서는 이미 러시아와 다른 정치-사회의 요소들로 발전되어 나갔다고 보고 있다. 이러한 배경 아래, 19세기 우크라이나 지식인들은 서유럽식의 자유주의(liberalism)와 의회주의(constitutionalism)를 선호했으며, 우크라이나는 러시아 및 다른 슬라브 민족을 결합한 연방 체제내 민주주의 국가가 되어야 한다고 주장했었다.

현대 우크라이나의 정치에서 "동"과 "서"는 변화된 의미를 갖는다. 국제정치학적 측면에서 "동"은 동방정교의 문화적, 정치적 전통을 계승한 러시아를 의미하고 "서"는 전통적인 유럽권 뿐만 아니라 세계 힘의 주축인 미국을 의미한다고 하겠다. 지정학적으로 보면 동은 아시아를 의미하며, 서는 유럽을 의미한다고 하겠다. 결국 유라시아의 중심에 자리 잡은 우크라이나는 전략적으로 매우 중요한 지역에 위치하면서 세계 강국들의 패권다툼의 한 복판에 놓여있다고 볼 수 있다.

출처: https://www.freepick.com

Десятий урок

10 Я вивчáю украї́нську мóву

저는 우크라이나어를 배우고 있습니다.

Діалóг :

Т : Сті́вене, ти дýже дóбре говóриш украї́нською.
스띠베네, 뜨이 두줴 도브레 호보르이쉬 우끄라인스꼬유

Де ти навчи́вся так дóбре говóрити украї́нською мóвою?
데 뜨이 나우츠이우샤 딱 도브레 호보르이뜨이 우끄라인스꼬유 모보유

С : Я вивчáю її́ в університéті Ки́єва вже два рóки.
야 브이우차유 이이 브 우니베르쓰이떼띠 끄이예바 우줴 드바 로끄이

Я чáсто слýхаю рáдіо, читáю газéти й журнáли.
야 차스또 슬루하유 라디오, 츠이따유 하제뜨이 이 주르날르이

Мені́ тáкóж допомагáють мої́ украї́нські дрýзі.
메니 딱꼬쥐 도뽀마하윳 모이 우끄라인스끼 드루지

Т : Як дóвго ти в Украї́ні?
약 도우호 뜨이 브 우끄라이니

С : Я живý в Ки́єві вже дéсять рóків.
야 쥐부 브 끄이예비 우줴 데� 로끼우

Т : Коли́ ти приї́хав до Ки́єва?
꼴르이 뜨이 쁘르이이하우 도 끄이예바

С : Я приї́хав сюди́ в ти́сяча дев'ятсóт дев'янóсто сьóмому році.
야 쁘르이이하우 쓔드이 브 뜨이샤차 데뱟쑷 데뱌노스또 씨요모무 로찌

Т : Чи тобі подóбається жи́ти в Ки́єві?
츠이 또비 뽀도바옛쌰 쥐뜨이 우 끄이예비

С : Я люблю́ жи́ти тут. Ки́їв - дуже краси́ве мі́сто.
야 류블류 쥐뜨이 뚯 끄이이우 – 두줴 끄라쓰이베 미스또

Мені́ тáкóж подóбаються гáрні люди і смачнá ї́жа.
메니 따꼬쥐 뽀도바윳샤 하르니 류드이 이 스마츠나 이쟈

스티븐아, 너는 우크라이나어로 말을 아주 잘 하는구나.
너는 어디서 우크라이나어를 잘 말하는 것을 배웠니?
나는 키예프의 한 대학에서 우크라이나어를 이미 2년동안 배워오고 있어.
나는 자주 라디오를 듣고, 신문과 잡지를 읽고 있어.
또한 내 우크라이나 친구들이 나를 도와주고 있어.
얼마동안 우크라이나에 있었니?
나는 벌써 10년동안 키예프에서 살고있어.
언제 키예프에 왔니?
1997년에 이곳에 왔어.
너는 키예프에 사는 것이 좋니?
나는 여기 키예프에 사는 것이 너무 좋아. 키예프는 매우 아름다운 도시야.
또한 좋은 사람들과 맛있는 음식들도 너무 좋아.

단어 익히기

Словник	Vocabulary	단 어
говóриш (원형 говори́ти)	(you) speak	말하다. (v. 2인칭, 단수, 현재)
украї́нською	in Ukrainian	우크라이나어로 (a, 조격)
навчи́вся (навчи́тися / вчи́тися)	(I) learned	배우다. (v. 1인칭, 과거, 완료체) (완료 / 불완료체)
вивча́ю (вивча́ти / вивчи́и)	(I) learn	나는배운다, 배우고 있다. (v. 완료 / 불완료체)
слу́хаю (원형 слу́хати)	(I) am listening	나는 듣는다, 듣고 있다. (v. 1인칭, 현재)
ра́діо	radio	라디오(n. 중성, 단수, 대격)
допомага́ють (допомогти́/ допомага́ти)	(they) assist, help	도와주다. (v. 2인칭, 복수, 현재) (완료 / 불완료체)
до́вго	long, great while	오랫동안
Як до́вго ...	how long ...	얼마나 오랫동안 ...
ро́ків (рік의 복수생격)	years	한 해, 1년 (12개월) (n. 남성, 복수, 생격)
(я) приї́хав (приїхати/ приїжджати)	I arrived, came, got in	도착했다. 왔다. (v. 1인칭, 단수, 과거) (완료 / 불완료체)
сюди	here, hither	여기에, 이쪽으로
ти́сяча	thousand	일천
дев'ятсо́т	nine hundred	구백
дев'яно́сто	ninty	구십
сьо́мому(сім의 전치격)	seven	칠
ро́ці (рік의 전치격)	year	년, 해(n. 남성, 단수, 전치격)
краси́вий (а, е, і)	beautiful	아름다운 (a)
мі́сто	city, town	도시 (n. 중성, 단수, 주격)
смачни́й (á, é, í)	delicious, tasty	맛있는 (a)
ї́жа	food	음식 (n. 여성, 단수, 주격)

대화문장의 이해

1. Сті́вене, ти ду́же до́бре гово́риш украї́нською
'특정 언어로 말하다'의 표현

'특정 언어로 말을 하다'의 표현은 '말하다'의 동사인 гово́рити, розмовля́тиᄃ등을 써서 다음과 같은 두 가지 방식으로 할 수 있다.

① говорити, розмовляти+언어를 나타내는 조격의 형용사+명사

인칭대명사	동사 (말하다)	조격의 형용사	조격의 명사 (мова)
Я	говорю́ розмовля́ю	англі́йською (영어로)	(мо́вою) 생략가능
Ти	гово́риш розмовля́єш	францу́зькою (프랑스어로)	
Він, Вона	гово́рить розмовля́є	німе́цькою (독일어로)	
Ми	гово́римо розмовля́ємо	росі́йською (러시아어로)	
Ви	гово́рите розмовля́єте	іспа́нською (스페인어로)	
Вони	гово́рять розмовля́ють	коре́йською (한국어로)	

2. Де ти навчи́вся... / Я вивча́ю ї́ї в університе́ті
배우다, 공부하다의 표현

배우다, 공부하다의 표현은 다음의 두 가지 방법으로 할 수 있다.

① учи́тися /вчи́тися(불완료) - навчи́тися(완료)+생격

정규교육과정(초, 중, 고등학교 등)에서 일반적으로 공부를 하는 것을 의미할 때 사용되며, 공부의 대상을 나타내는 명사의 생격을 동사 뒤에 쓰면 된다. учи́тися(вчи́тися)/навчи́тися는 목적어 없이 '공부한다' 라는 의미로도 사용된다.

Я вчу́ся украї́нської мо́ви.	나는 우크라이나어를 공부하고 있다.
Я навчи́вся украї́нської мо́ви.	나는 우크라이나어를 배웠다 (완료).
Він до́бре вчи́ться.	그는 공부를 잘 한다.
Він у́читься в університе́ті.	그는 대학에서 공부한다.

② вивча́ти(불완료)/ви́вчити(완료)+대격

вивча́ти/ви́вчити는 좀 더 깊이 있고, 구체적인 공부의 대상을 말하거나, 대학에서의 연구, 조사등을 말할 때 주로 사용한다.

Він навчи́вся украї́нської мо́ви.
He has learned Ukrainian. 그는 우크라이나어를 (조금) 배웠다.

Він ви́вчив украї́нську мо́ву. (완료)
He has mastered Ukrainian.
그는 우크라이나어를(아주 정확하게) 배웠다.

3. Я живу́ в Ки́єві вже де́сять ро́ків(시간의 흐름을 나타내는 표현)

'이미 얼마간 계속해서 무언가를 해 왔고, 지금도 그것을 하고 있다' 라는 시간의 흐름을 나타내는 표현은 영어에서는 현재완료진행형(have been -ing)이라고 한다. 그러나 우크라이나에서는 불완료 현재형 동사를 쓰고 이어 시간의 흐름을 나타내는 명사구를 써서 현재완료진행형을 만든다. 이때 시간을 나타내는 명사구는 전치사 없이 수사와 시간을 나타내는 명사(시, 일, 주, 달, 해 등)를 붙여 만든다.

Я вивчáю украї́нську мóву вже два рóки.
I have been already learning Ukrainian for two years.
나는 우크라이나어를 이미 이년동안 배워왔고, 지금도 배우고 있다.

Я живý в Києві вже двá мíсяці (дéсять рóків)
I have been already living in Kyiv for two months (ten years)
나는 키이브에 이미 두 달동안 (10년 동안) 살아오고 있다.

У нас немáє пи́ва вже 5 днів, але є дýже дóбре винó.
There hasn' t been any beer for five days, but there is some very good wine.
지난 5일동안 맥주가 없었고, 지금도 없습니다. 그러나 매우 좋은 와인은 있습니다.

문법의 이해

1. 명사의 전치격

전치격은 문장에서 대상이나 동작의 위치를 나타내는데 사용되는 격이다. 전치격은 문장에서 전치사("у/в" 혹은 "на")와 같이 사용하되는 부분을 말하는데, 장소와 시간을 묻는 의문사 де(어디)와 коли(언제)가 이끄는 의문문에 대한 대답에 주로 사용된다.

명사의 전치격을 만드는 방법은 다음과 같다.

- 대부분의 단수 명사 어근에 "-і"를 붙여 만든다.
  ㉮ мíсто-у мíсті/університéт-в університеті́/вікно-на вікні́
- 단수 명사의 어근에 "-і"를 붙여 전치격을 만드는데, "-і"와 결합하는 자음 앞의 모음이 변화하는 경우가 있다.
  ㉮ стіл-на столі́/Львів-у Львóві/Черні́гів-у Черні́гові

Ха́рків-у Ха́ркові/Ки́їв-у Ки́єві.

- 단수 남성명사 어미에 "-ові/-еві/-єві"를 붙여 전치격을 만드는 경우가 있는데, 이와 같은 어미는 인간과 같은 활동체명사에만 붙는다.
- 남성과 중성명사중 끝부분에 접미사(suffixes) "к" ("ок", "ак", "ик", "ко")를 갖는 단어들의 전치격은 단어 끝에 "-у" 어미를 붙여 만든다. "ок"으로 끝나는 명사의 전치격은 "о"가 탈락하고 끝에 "-у"가 붙게 된다.

  예 буди́нок-у буди́нку/лі́жко-на лі́жку/словни́к-у словнику́

- 단수 명사의 전치격 어미 "-і"앞에 자음 к, г, х가 올 경우 다음과 같이 변화한다.

  к → ц; г → з; х → с

  예 рік-у ро́ці/бе́рег-на бе́резі/по́верх-на по́версі/ по́друга -на по́друзі/кни́га-у кни́зі/рука-у руці́

- 복수 명사의 전치격은 명사 어근에 "-ах" 혹은 "-ях"를 붙여 만든다.

① 남성 명사

- 비활동체

수	격	건물	연필	책상	텔레비전	전차(트램)
단수	주격	буди́нок	олівéць	стіл	телеві́зор	трамва́й
	전치격	буди́нку	олівці́	столі́	телеві́зорі	трамва́ї
복수	주격	буди́нки	олівці́	столи́	телеві́зори	трамва́ї
	전치격	буди́нках	олівця́х	стола́х	телеві́зорах	трамва́ях

- 활동체

수	격	남자형제	친구	아버지	선생님	영국인
단수	주격	брат	друг	батько	учи́тель	англієць
	전치격	бра́тові	дру́гові	ба́txькові	учи́телеві	англі́йцеві
복수	주격	брати́	дру́зі	батьки́	учителі́	англі́йці
	전치격	брата́х	дру́зях	батька́х	учителя́х	англі́йцях

④ 여성명사

수	격	여자형제	거리	친구	책	만남
단수	주격	сестрá	вýлиця	компáнія	кни́га	зýстріч
	전치격	сестрí	вýлиці	компáнії	кни́зі	зýстрічі
복수	주격	сéстри	вýлиці	компáнії	кни́ги	зýстрічі
	전치격	сéстрах	вýлицях	компáніях	кни́гах	зýстрічах

⑤ 중성명사

수	격	성	인생	나무	바다	이름
단수	주격	прíзвище	життя́	дéрево	мóре	ім' я́
	전치격	прíзвищі	життí	дéреві	мóрі	íмені
복수	주격	прíзвища	життя́	дерéва	моря́	іменá
	전치격	прíзвищах	життя́х	дерéвах	моря́х	іменáх

2. 형용사의 전치격

전치격의 단수 남성과 중성명사를 수식하는 형용사의 어미는 -ому/-ьому이며, 단수 여성명사를 수식하는 형용사의 어미는 -ій이다. 전치격의 복수 남성, 여성, 중성명사를 수식하는 형용사 어미는 동일하게 -их/-іх이다.

① 어근이 경자음으로 끝날 경우

성	단수		복수	
	주격	전치격	주격	전치격
남성	дóбр-ий	дóброму	дóбрі	дóбрих
여성	дóбра	дóбрій	дóбрі	дóбрих
중성	дóбре	дóброму	дóбрі	дóбрих

② 어근이 연자음으로 끝날 경우

성	단수		복수	
	주격	전치격	주격	전시격
남성	си́н-ій	си́н-ьому	си́ні	си́ніх
여성	си́ня	си́н-ій	си́ні	си́ніх
중성	си́нє	си́н-ьому	си́ні	си́ніх

3. 소유대명사의 전치격

① я와 ти의 소유대명사 주격과 전치격

성	단수		복수	
	주격	전치격	주격	전치격
남성	мій/твій	мо́єму/тво́єму	мої́/твої́	мої́х/твої́х
여성	моя/твоя́	мої́й/твої́й	мої́/твої́	мої́х/твої́х
중성	моє́/твоє́	мо́єму/тво́єму	мої́/твої́	мої́х/твої́х

② ми와 ви의 소유대명사 주격과 전치격

성	단수		복수	
	주격	전치격	주격	전치격
남성	наш/ваш	на́шому/ва́шому	на́ші/ва́ші	на́ших/ва́ших
여성	на́ша/ва́ша	на́шій/ва́шій	на́ші/ва́ші	на́ших/ва́ших
중성	на́ше/ва́ше	на́шому/ва́шому	на́ші/ва́ші	на́ших/ва́ших

4. 인칭대명사의 전치격

• я와 ти의 인칭대명사 주격과 전치격

인칭과 성	단수		복수	
	주격	전칙격	주격	전치격
1	я	мені́	ми	нас
2	ти	тобі́	ви	вас
3(m)	він	ньо́му	вони́	них
(f)	вона́	ній		
(n)	воно́	ньо́му		

5. 전치격에 사용되는 전치사

대상이나 동작의 위치를 나타내는데 사용되는 전치격은 문장에서 전치사 "у/в" 혹은 "на"를 주로 사용한다. 아래에 언제 어떻게 "у/в" 혹은 "на"를 사용하는지 도표를 만들어 설명하였다.

전치사	사용시기 및 방법	예문
у (영어 in/at)	문장의 첫머리, 문장 내, 쉼표 다음에 '~에서' 라는 의미로 장소를 나타낼 때 사용	У Ки́єві є бага́то ціка́вих буди́нків. Я вивча́ю мову тут, у Ки́єві. Я був у готе́лі (у па́рку, у мі́сті, у міста́х)
в (영어 in/at)	모음으로 끝나는 명사뒤에서 사용	Я живу́ в Ки́єві (в Оде́сі).
на (영어 on/at)	'열려진 공간' 에 있음을 말할 때 사용	Я був на ву́лиці. Я був на дру́гому по́версі. Я був на робо́ті.

6. 시간/때의 표현과 전치격

제 9과에서 시간의 흐름을 나타내는 표현으로 대격을 사용하는 것을 배웠다. 여기서는 시간/때의 표현에 전치격이 사용되는 경우를 설명하겠다.

① 달을 말할 때

제 8과에서 12개월에 해당하는 명사를 배웠다. 우크라이나어로 달을 표현할 때 전치사 y를 사용하여 전치격으로 표현하게 된다.

	달	~ 달에		달	~ 달에
1월	сíчень	у сíчні	7월	ли́пень	у ли́пні
2월	лю́тий	у лю́тому	8월	се́рпень	у се́рпні
3월	бе́резень	у бе́резні	9월	ве́ресень	у ве́ресні
4월	кві́тень	у кві́тні	10월	жо́втень	у жо́втні
5월	тра́вень	у тра́вні	11월	листо́пад	у листо́паді
6월	че́рвень	у че́рвні	12월	гру́день	у гру́дні

② '몇시에' 라고 말할 때

우리말로 '몇시에' 해당하는 우크라이나어의 표현은 '전치사 o+전치격 순서수+годині [година(시간)의 전치격]' 이다.

예 1시 - о першій годині

위의 표현을 활용하기 위해 제 7과에서 배운 기수들의 (순)서수 형태를 소개하고, 각 순서수의 전치격을 활용하여 '~몇시에' 라는 표현을 배워보자.

번호	기수	서수	~ 시에
1	оди́н/одна/одне́	пе́рший(а, е, і)	о пе́ршій(годи́ні*)
2	два(m, n)/дві (f)	дру́гий(а, е, і)	о дру́гій
3	три	тре́тій(а, е, і)	о тре́тій
4	чоти́ри	четве́ртий(а, е, і)	о четве́ртій
5	п' ять	п' я́тий(а, е, і)	о п' я́тій
6	ші́сть	шо́стий(а, е, і)	о шо́стій
7	сім	сьо́мий(а, е, і)	о сьо́мій
8	ві́сім	во́сьмий(а, е, і)	о во́сьмій
9	де́в' ять	дев' я́тий(а, е, і)	о дев' я́тій
10	де́сять	деся́тий(а, е, і)	о деся́тій

제 7과에서 скíльки(얼마, 몇 개)로 시작되는 의문문에 대한 답에 기수가 사용된다고 했다. 이에 상응해кóтрий(а, е, і) (몇 번째)로 시작되는 의문문에 대한 답을 표현할 때 보통 서수가 사용된다.

㉮ о котрій годині?　　몇시에? (참고: в якому році? 몇년도에?)

수	기수 (скíльки?)	서수 (кóтрий?)
11	одинáдцять	одинáдцятий
12	дванáдцять	дванáдцятий
13	тринáдцять	тринáдцятий
14	чотирнáдцять	чотирнáдцятий
15	п' ятнáдцять	п' ятнáдцятий
16	шістнáдцять	шістнáдцятий
17	сімнáдцять	сімнáдцятий
18	вісімнáдцять	вісімнáдцятий
19	дев' ятнáдцять	дев' ятнáдцятий
20	двáдцять	двáдцятий
21	двáдцять оди́н	двáдцять пéрший
30	три́дцять	тридця́тий
40	сóрок	сорокóвий
50	п' ятдеся́т	п' ятдеся́тий
60	шістдеся́т	шістдеся́тий
70	сімдеся́т	сімдеся́тий
80	вісімдеся́т	вісімдеся́тий
90	дев' янóсто	дев' янóстий
100	сто	сóтий
101	сто один	сто пéрший
200	двíсті	двохсóтий
300	три́ста	трьохсóтий
400	чоти́риста	чотирьохсóтий
500	п' ятсóт	п' ятисóтий
600	шістсóт	шестисóтий
700	сімсóт	семисóтий
800	вісімсóт	восьмисóтий
900	дев' ятсóт	дев' ятисóтий

1000	ти́сяча	ти́сячний
2000	дві ти́сячі	двохти́сячний
5000	п'ять ти́сяч	п'ятити́сячний
1,000,000	мільйо́н	мільйо́нний
1,000,000,000	мілья́рд	мілья́рдний

주의)

- 11에서 19, 그리고 20, 30은 모두 어미에 -дцять를 붙여 만든다. 여기서 д는 발음이 되지 않는다.
- 16, 60(шістна́дцять, шістдеся́т)에서 자음 사이에 낀 т는 발음이 되지 않는다.

③ 년도를 말할 때

우크라이나어로 년도를 말할 때는 년도의 마지막 해에 해당하는 부분만을 서수로 쓰면 된다. 예를 들어 1997년이라고 했을 때, 1990까지는 기수로 나열을 하고, 마지막 7년만을 서수로 표현하면 된다. 또한 서수로 된 부분은 문장에서의 역할에 따라 격을 변화시키는데, 이때 서수의 변화는 형용사의 어미변화와 동일하게 일어난다.

격	1997년
주격, 대격	тисяча дев' ятсот дев' яносто сьомий рік
생격	тисяча дев' ятсот дев' яносто сьомого року
여격	тисяча дев' ятсот дев' яносто сьомому року
조격	тисяча дев' ятсот дев' яносто сьомим роком
전치격	тисяча дев' ятсот дев' яносто сьомому році

예문

A: Яки́й за́раз рік? 지금이 몇 년도이지?
B: Дві ти́сячі двадцять други́й рік. 2022년이야.

A: В яко́му ро́ці ти приї́хав до Ки́єва?
몇 년도에 너는 키이브에 왔니?
B: У дві ти́сячі дру́гому ро́ці. 2002년도에.

상식코너

우크라이나의 종교

1991년 독립 이후 우크라이나는 종교의 자유국가로서 다음과 같은 종교를 허용하고 있다.

- 우크라이나 정교(키이우 주교좌)
- 정교(모스크바 주교좌)
- 우크라이나 천주교 / 우니아트교 (Greek Catholics (Uniate))
- 우크라이나 자치 정교
- 개신교, 이슬람,
- 민간종교

우크라이나인들 사이에서 여러가지 신앙이 믿어지고 있지만, 전통적으로 정교(Orthodox)는 키이우 루스 시기에 수용된 이후 민족종교로 받아들여져 왔다. 그러나 키이우 루스가 붕괴된 이후 우크라이나인들은 여러 민족들에 의해 분할 통치되면서 독특한 종교정체성을 형성하게 되었다. 서방과 동방의 요소, 다시 말해 서방의 가톨릭과 동방정교의 문화를 종합한 독특한 종교문화를 형성하면서 우크라이나는 러시아 및 다른 유럽권 국가들과는 다른 종교정체성을 형성해 갔다. 특히 우니아트교는 가톨릭의 교황권을 인정하면서 정교회의 의례를 따르는 독특한 종교로 동서종교문화의 결합을 잘 보여주는 좋은 예이다. 동서문화의 융합을 이루어 낸 우크라이나의 정교와 우니아트교는 이후 민족정교로 발전하여 국가가 없는 우크라이나인들에게 민족정체성을 유지시켜주는 역할을 했다. 소비에트 시기에도 종교는 우크라이나의 독립과 종교의 자유를 위한 투쟁의 중심적인 역할을 해왔으며, 1985년 페레스트로이카 정책 이후 국가독립과 종교의 자유를 획득하게 하는 주요 역할을 했다.

우크라이나 종교의 약사

- 988년 동방정교의 도입
- 14세기 선반 동방정교의 대주교구가 모스크바로 이전
- 1448년 모스크바 수좌대주교 선출, 1453년 모스크바를 제 3의 로마로 표명
- 1458년 리투아니아 대공국에 의해 키이우 수좌대주교구가 수립됨.
- 1596년 교회연합 - 우니아트교의 성립
- 1620년 코자크에 의한 정교회의 재건
- 1685-86: 키이우 수좌대주교구가 모스크바 총대주교의 관할로 이전
- 1848-49: 할리치나지역의 우크라이나 우니아트교회가 '최고 루테니아 의회'를 결성하여 오스트리아-헝가리제국으로부터 독립을 추진
- 1918년 1월 교회의 자치주의자들을 중심으로 우크라이나 자치 정교회가 수립
- 1945년 이후: 소비에트치하에서 불법활동을 한 비공식교회 등장 - 신우니아트교회
- 1991년 독립 이후 모든 종교와 교회의 합법화

5단계

문화의 이해

우크라이나인들의 저항정신과 정치사상

다윗과 골리앗의 싸움으로 예측했던 러시아-우크라이나의 전쟁에서 전 세계는 우크라이나인들의 용맹서러움과 저항정신에 놀라지 않을 수 없었다. 48시간에서 72시간 내에 우크라이나의 수도 키이우가 푸틴의 손아귀에 들어갈 것이라는 예측은 보기 좋게 빗나가고 우크라이나 군인과 시민들은 목숨을 걸고 저항하고 있다. 과연 이들의 결사항전의 정신과 용기는 어디서 나오는 것이며, 무엇을 지키려 하는 것일까?

1991년 소련의 해체와 함께 우크라이나는 갑작스러운 독립을 맞이하게 된다.

그러나 독립에 대한 우크라이나인들의 요구는 이미 17세기 코자크 시대에 시작되었다. 50대 이상의 국민이라면 율 브리너가 나오는 용맹스러운 코자크 영화 타라스 불바를 모두 기억하고 있을 것이다. "Scalp lock", 즉 민머리에 한줌의 머리털만을 남긴 강인한 인상의 용맹스러운 코자크는 우크라이나인들의 영웅으로 기억되고 있다.

폴란드로부터 코자크 우크라이나의 독립을 실현하기 위해 헤트만(지도자) 보흐단 흐멜니쯔키는 1654년 모스크바의 차르와 페레야슬라브 조약을 맺게 되는데, 이를 계기로 러시아는 오히려 폴란드와 전쟁을 시작하고, 1667년 우크라이나를 점령하게 되었는데, 이때부터 러시아와 우크라이나 사이의 불행한 관계가 시작되었다. 러시아로부터 벗어나기 위해 코자크의 헤트만 마제파는 스웨덴 왕 카알 12세를 설득하여 우크라이나 폴타바에서 러시아 차르에 대항해 전투를 수행했다. 그러나 스웨덴과 코자크의 연합세력은 러시아 표트르 대제에게 패배하게 된다. 폴타바전투에서 승리한 러시아는 발트지역 영토와 해상로에 대한 영향력을 확대시켰을 뿐만 아니라 우크라이나 전역에 대한 통제권 및 동유럽의 헤게모니를 장악해 나가면서 제국으로 발전할 수 있게 되었다. 이에 반해 우크라이나의 코자크들은 독립과 자치의 기회를 상실한 채 고난의 시대로 접어들게 되었다.

출처: Ukrinform - 필립 오를릭(Pylyp Orlyk)과 최초의 헌법(Constitution)

마제파의 뒤를 이은 필립 오를릭은 비록 러시아와의 전쟁에서 패배했지만, 자신들이 추구하는 정치체제를 구축하기 위해 1710년 우크라이나 뿐만 아니라 유럽에서 최초의 헌법을 수립했다. 오를릭 헌법은 분명하게 전제정치(autocracy)를 반대하고 있으며, 이를 방지하기 위해 정치권력의 분리를 강조하고 있다. 권력을 집행부, 입법부, 사법부로 나누는 필요성에 대해 언급하고 있으며, 특히 행정부 내에서 헤트만의 참모들은 그의 권력을 제한하는 역할을 해야 한다고 설명하고 있다. 몽테스키외가 법의 정신(The Spirit of the Laws, 1748)에서 삼권분리를 주장한 바 있는데, 이보다 40년 앞서 이미 오를릭의 헌법이 이와 같은 주장을 했다는 것은 매우 놀라운 일이다.

러시아로부터의 분리, 저항 사상은 19세기에 더욱 체계화 되었다. 19세기 초 타라스 셰우첸코, 미콜라 코스토마로우 등의 지식인들은 우크라이나 최초의 정치조직인 키릴과 메토디우스 형제단을 구성해 우크라이나 민족과 민족주의 개념 정립에 기여했으며, 러시아와 우크라이나 정체성의 차이를 설명하고 우크라이나가 슬라브 연방주의 체제 내에서 중심국가가 되어야 한다는 주장을 펼쳤다.

1870년대 러시아 및 우크라이나 지역의 인텐리겐찌야들 사이에서 급진적 사회주의 사상이 출현하면서 민족의 구별이 사라지고 세계 사회주의 사회가 탄생하는 것이 바람직하다는 주장이 제기되었다. 결국 민족의 중요성과 민족국가설립에 대한 입장의 차이로 인해 사회주의자와 우크라이나주의자들 사이에 대립과 결별이 발생하게 되었다. 우크라이나 초기 마르크스주의자였던 경제학자 미콜라 지베르와 미하일로 드라호마노우는 급진적 혁명 보다는 점진적 사회발전을 추구할 것을 주장했으며, 우크라이나 민족의 해방과 자유획득을 중요시 여겼다. 이러한 점은 러시아의 급진적 사회주의와 분명히 구분 되는 우크라이나 사회주의의 특징이었다.

20세기에 접어 들어 러시아로부터 우크라이나의 완전한 분리와 독립에 대한 정치주장이 처음으로 구체화되었는데, 미콜라 미흐노우스키는 ‘우크라이나 혁명당’을 위해 제작한 ‘독립 우크라이나’라는 제목의 브로셔에서 우크라이나인들은 법적으로 독립된 국가를 형성해야 한다는 주장을 펴게 되었다.

1917년 두 번의 러시아혁명으로 제정러시아가 붕괴되면서 우크라이나의 독립은 현실로 다가왔고 미하일로 흐루셰우스키는 우크라이나 중앙라다의 대표로서 유니버설이라는 정치선언문을 발표하여 우크라이나 독립의 정당성과 당위성을 천명했다. 제 4차 유니버설을 통해 선포된 독립선언의 내용은 다음과 같다:

“(우크라이나인) 여러분의 힘과 의지로 우크라이나 땅에 자유로운 민족공화국이 탄생했습니다. 고생하는 대중들의 자유와 권리를 옹호하고자 했던 조상들의 오랜 꿈이 실현되었습니다 ... 지금부터 우크라이나 민족공화국은 누구에게도 종속되지 않는 독립적이고 자유로우며 주권을 가진 우크라이나 국민의 국가입니다. 우리는 러시아, 폴란드, 오스트리아, 루마니아, 터키 등 모든 이웃 국가들과 평화롭고 우호적인 삶을 살고자 합니다. 그러나 그들 중 누구도 독립한 우크라이나 공화국의 삶을 방해 할 권리가 없습니다. 권력은 우크라이나 국민들에게만 속할 것(입니다)..."

비록 계속되는 내전과 볼셰비키와의 전쟁, 폴란드를 비롯한 주변 국가들의 압력으로 어렵게 탄생한 1918년 우크라이나 민족공화국은 단명하게 되지만 자유와 평등이 보장되는 민주주의와 분리-독립에 대한 정치사상적 전통과 열망은 사라지지 않고 70년간의 소비에트 시기에도 지속되었다. 결국 1991년 소비에트 사회주의체제의 붕괴와 우크라이나의 독립요구는 우연적이며 새롭게 발생한 것이 아니라, 1710년 오릴릭 헌법과 1918년 우크라이나 민족공화국건립에서 표현된 우크라이나인들의 자유 민주주의에 대한 정치적 열망과 목표가 완수된 것으로 보아야 할 것이다.

2022년 러시아의 전쟁에 맞서 우크라이나의 대통령 젤렌스키와 그의 국민이 온 몸을 불사르며 지키고자 하는 것은 오랜 세월동안 우크라이나인들이 지향해온 자유와 민주주의, 민족의 독립과 주권보장이라고 보아야 할 것이며, 우리는 이들의 저항에 지지의 박수를 보내야 할 것이다. 정체성을 형성하는데 기여한다고 볼 수 있다. 결국, 인터넷은 우크라이나 민족정체성의 개념에 변화를 유도하며, 우크라이나인들은 그러한 변화에 대응하고 있는 것이다.

(연세춘추 2022년 3월 7일 제1886호 기고문)

출처: https://www.freepick.com

Одинадцятий урок

11 Замо́влення готе́лю

호텔 예약

Діало́г

T : Сті́вене, чи ти куди́сь ї́деш влі́тку?
스띠베네, 츠이 뜨이 꾸드이씨 이데쉬 우리뜨꾸

С : Я хо́чу пої́хати у Львів. Ти зна́єш, ми з батька́ми завжди́
야 호추 뽀이하뜨이 우 르비우 뜨이 즈나예쉬, 므이 즈 바띠까므이 자우즈드이

ї́здимо на Чо́рне мо́ре, але цьо́го ро́ку ви́рішили
이즈드이모 나 초르네 모레, 알레 찌오호 로꾸 브이리쉴르이

пої́хати у Львів. Я ще там ніко́ли не був.
뽀이하뜨이 우 르비우 야 쉬체 땀 니꼴르이 네 부우

T : Ка́жуть, що там чудо́во. Коли́ ти відві́даєш Львів?
까줏, 쉬초 땀 추도보 꼴르이 비드비다예쉬 르비우

С : Ми летимо́ у Львів два́дцять дев'я́того ли́пня, у четве́р,
므이 레뜨임모 우 르비우 드바쨧 데뱌또호 르이쁘냐, 우 체뜨베르,

о пів на пе́ршу дня.
오 삐우 나 뻬르슈 드냐

T : Як до́вго ти хо́чеш побу́ти у Льво́ві?
약 도브후 뜨이 호체쉬 뽀부뜨이 우 르보비

С: Сім днів.
씸 드니우

T : Чи ти вже замо́вив готе́ль?
츠이 뜨이 우줴 자모브이우 호뗄

С : Ні, ще не замо́вив. Чи ти мо́жеш замо́вити для нас готе́ль?
니, 쉬체 네 자모브이우 츠이 뜨이 모줴쉬 자모브이뜨이 들랴 나쓰 호뗄

T : З ра́дістю. Скі́льки номері́в замо́вити? І для скільќох?
즈 라디스띠유 스낄끄이 노메리우 자모브이뜨이. 이 들랴 스낄꼬흐

С : Два но́мери – для ме́не і для мої́х батькі́в.
드바 노메르이 ? 들랴 메네 이 들랴 모이흐 바띠끼우

T : Гара́зд. Нема́ пробле́м.
하라즈드. 네마 쁘로블렘

С : Ду́же дя́кую.
두줴 댜꾸유

스티븐, 너 여름에 어딘가에 가니?
나는 르비브에 가고 싶어.
너 아니? 나와 부모님은 늘 흑해에 가곤 하는데, 금년에는 르비브에 가기로 결정했어.
내가 아직 거기에 한번도 가보지 못했어.
그곳이 참 아름답다고 하더라구.
언제 르비브에 가니.
7월 29일 목요일 낮 12시반에 우리는 비행기로 르비브에 가.
얼마나 오랫동안 르비브에 있고 싶어하니?
칠일이야.
호텔은 이미 예약했니?
아니, 아직 않했어.
네가 우리 호텔 예약을 해 줄 수 있니?
기쁜 마음으로 하지. 몇 개의 방을 예약을 할까? 그리고 몇 명?
방 두개 - 내 방과 부모님 방.
O.K. 문제없어.
매우 고마워.

단어 익히기

Словник	Vocabulary	단 어
куди́сь	somewhere	어딘가로
поїхати/ї́хати(їду, їдеш, їде, їдемо, їдете, їдуть)	to go(by a vehicle) to drive	(교통수단으로) 가다. 운전해서 가다. (v. 완료 / 불완료)
Чо́рне мо́ре	Black Sea	흑해
цього́ ро́ку(생격 형태)	this year	금년에
ви́рішити/ вирі́шувати	to decide, determine	결정하다. (v. 완료 / 불완료)
ніко́ли	never	한번도 ~ 않다.
ніко́ли не бу́ти там	never be there	한번도 거기에 간 적이 없다.
відвідати (відвідаю, відвідаєш)/відві́дувати	to visit, to go to see	방문하다, 만나러 가다. (v. 완료 / 불완료)
пів*	half	절반(= половина)
о пів на першу дня	at half past twelve in the afternoon	낮 12시 30분
летимо́(원형 леті́ти: лечу́, лети́ш, лети́ть, летимо́, летите́, летя́ть(불완료체 원형 літа́ти)	(We will) fly	날아가다. (v. 1인칭, 복수, 완료체)
Як до́вго	how long	얼마나 오랫동안
побу́ти	to stay / remain for some time	일정시간 머물다. (v)
На сім [днів]	for seven days	7일동안 (на + 대격)
замо́вити	to order, to book, to make a reservation	예약하다. (v)
готе́ль	hotel	호텔(n. 남성, 단수, 대격)
ра́дість	(with) pleasure	기쁜 마음(n. 여성, 단수, 조격)
З ра́дістю	with pleasure	기쁜 마음으로
но́мер	number, room	번호, (호텔) 방

* пів 뒤에는 주격의 명사가 따라와 '~의 절반'을 의미함: 예) пів яблука (사과 절반)

대화문장의 이해

1. Чи ви вже замо́вили готе́ль?– 호텔 벌써 예약했습니까?

Як замо́вити готе́ль. - 호텔방을 예약하는 방법

діалог에 소개된 호텔예약과 관련하여 몇가지 유용한 표현들을 배워보자.

한국어 표현	우크라이나어 표현
방을 예약하고 싶습니다.	Я хо́чу забронюва́ти номер. Я хо́чу замо́вити но́мер.
호텔을 이미 예약했습니다. 당신은 ... 이름으로 된 예약을 갖고 있어야 합니다.	Я вже замо́вив готе́ль. У вас ма́є бу́ти замо́влення на прі́звище ...
방이 필요합니다.	Мені́ потрі́бен номер.
빈 방이 있습니까?	У вас є ві́льні номери́?
하룻밤 (4일밤, 6일밤, 일주일)에 방 가격이 얼마씩 합니까?	Скі́льки ко́штує но́мер за ніч (за чоти́ри но́чі, за шість ноче́й, за ти́ждень)?
1인실 방을 원합니다. 2인실 방을 원합니다.	Я б хоті́в (хоті́ла) но́мер на одно́го. Я б хоті́в (хоті́ла) но́мер на двох.
저는 발코니 (텔레비전, 냉장고, 샤워와 화장실)가 있는 방을 원합니다.	Я б хоті́в (хоті́ла) но́мер з балко́ном (телеві́зором, холоди́льником, ду́шем і туале́том).
제가 방을 볼 수 있을까요?	Мо́жна подиви́тися на но́мер?
아침이 포함되어 있습니까?	Чи це включа́є ва́ртість сніда́нку? Чи це включно зі сніданком?
언제 제가 체크아웃을 해야합니까?	Коли я пови́нен (пови́нна) звільни́ти но́мер? Коли потрібно звільни́ти но́мер?
방번호가 어떻게 됩니까?	Який це но́мер?
방이 몇층이지요?	На яко́му по́версі цей но́мер?
아침 7시에 깨워주시겠어요.	Збуді́ть мене́ о сьо́мій ранку, будь ласка.

2. Ми летимó у Львів двáдцять дев'я́того ли́пня, у четвéр, о пів на пéршу дня:

날짜, 시간의 표현법

① 월과 일

월(月)과 일(日)을 묻고 답하는 방법은 다음과 같다.

우리말	우크라이나어 표현	문법설명
지금이 무슨 달이지?	Яки́й зáраз мі́сяць?	місяць(월)-남성 주격
지금은 12월이야.	Зáраз грýдень.	грудень-남성 주격
오늘은 몇일이지?	Якé сьогóдні числó?	число가 중성이므로 중성 어미를 가진 яке가 쓰임.
오늘은 12월 1일이야.	Сьогóдні пéрше грýдня.	월일을 말할 때는 날짜를 서수로 하여 앞에 쓰고, 달을 생격으로 뒤에 쓴다. пéрше와 грýдня 사이에는 чи́сло가 생략되어 있는 상태.
몇일이 너의 생일이니?	Якóго числá твій день нарóдження?	특정 날짜에 무슨 일이 있음을 말 할 때는 월일을 모두 생격으로 쓴다.
나의 생일은 12월 20일이야.	Мій день нарóдження двадця́того грýдня	날짜를 서수로 하여 앞에 쓰고, 달을 뒤에 배치한 뒤 모두 생격으로 변화시킴.
1996년 12월 20일에	двадця́того грýдня ти́сяча дев' ятсóт дев' янóсто шóстого рóку	일, 월, 년을 함께 써서 특정일을 말할 경우, 일, 월을 생격으로 쓰고, 년도의 마지막 숫자와 년에 해당하는 рік을 생격으로 쓰면 된다.

② 시계를 읽는 법

우크라이나어로 시간을 묻는 질문은 кóтра годи́на?로 사전적인 의미는 '어느 시간' 이 되는데, 실제로는 주어와 동사가 생략이 된 상태로 지금 몇시입니까?를 의미하게 된다. 이에 대한 답은 시계 바늘이 몇번째 숫자에 와 있음을 말하기 위해 서수를 이용하고 시(година)와 분(хвилина)에 해당하는 단어를 생략하는 경우가 많다.

	котрá годи́на?	몇시인가요?
1	пéрша годи́на	1시
2	дрýга годи́на	2시
3	трéтя годи́на	3시
4	четвéрта годи́на	4시
5	п' я́та годи́на	5시
6	шóста годи́на	6시
7	сьóма годи́на	7시
8	вóсьма годи́на	8시
9	дев' я́та годи́на	9시
10	деся́та годи́на	10시
11	одинáдцята годи́на	11시
12	дванáдцята годи́на	12시

영어에서는 A.M, P.M을 써서 오전, 오후를 표시한다. 우크라이나어로는 아침, 점심, 저녁, 늦은밤에 해당되는 단어들을 생격으로 시간 뒤에 써서 말한다.

ранок

день

вечір

ніч

오전 6시
шóста годи́на рáнку

저녁 6시
шóста годи́на вéчора

정오(낮) 12시
дванáдцята годи́на дня

자정(밤) 12시
дванáдцята годи́на нóчі

분(分)을 표현하는 방법은 다음과 같다.

- 시간을 나타내는 수는 서수로 쓰고, 분을 나타내는 수는 기수로 쓴다.
- 보통 시간과 분에 해당하는 годи́на, хвили́на는 생략한다.
- 우리말 식으로 1시 10분이라고 말하는 표현은 пе́рша годи́на де́сять хвили́н이며, 보통 пе́рша десять이라고 쓴다.
- 우크라이나어에서는 1시 10분을 10분이 지나 2시로 향하고 있다라고 자주 표현하는데, 분(기수)+на+대격의 서수+годи́ну(대격)로 쓰면 된다.
- ㉮ 1시 10분: де́сять(хвили́н) на дру́гу(годи́ну)
- 2시 10분 전은 10분안에 2시가 된다는 의미로 전치사 за(within, ~내에)를 사용한다. за+대격의 기수(분)+주격의 서수(시간)
- ㉮ 2시 10분전: за де́сять дру́га
- 15분, 30분을 나타내는 단어로 чверть, пів가 사용된다.
- ㉮ чверть на дру́гу, за чверть дру́га, о пів на дру́гу, за пів дру́га

시간	우크라이나어
1시 10분	де́сять (хвили́н) на дру́гу (годи́ну) пе́рша де́сять
1시 15분	чверть на дру́гу п’ятна́дцять на дру́гу перша п’ятнадцять
1시 20분	два́дцять на дру́гу пе́рша два́дцять
1시 30분	о пів на дру́гу
1시 45분	за чверть дру́га за п’я́тнадцять дру́га
1시 50분	за де́сять дру́га

제 10과에서도 배웠듯이 우크라이나어로 '몇시에'를 표현하려면, 전치사 о+시간을 나타내는 수(서수 전치격)+годині(전치격)로 나타낸다. '몇시 몇분에' 라고 할 때는 시간 뒤에 나오는 분(分)은 기수를 사용하여 주격형태로 쓰면 된다.

~시 ~분에	О кóтрій годи́ні
오전 11시에	Об* одинáдцятій(годи́ні)
낮 1시에	О пéршій(годи́ні) дня О тринáдцятій(годи́ні)
낮 3시 40분에	О трéтій(годи́ні) сóрок (хвили́н) дня О п' ятнáдцятій (годи́ні) сóрок (хвили́н)
저녁 7시에	О сьóмій(годи́ні) вéчора О дев' ятнáдцятій(годи́ні)

• 전치사 о 다음의 명사가 모음으로 시작할 경우 о 대신 об가 사용됨.

㉥ О кóтрій годи́ні ви відлітáєте?

몇시에 당신은 비행기를 타고 떠납니까?

3 단계

문법의 이해

1. 'куди́сь' - 부정(不定)대명사, 형용사, 부사의 활용

부정대명사는 말 그대로 일정치 않은, 정해지지 않은 뜻을 함유한 대명사를 말한다. 우리말의 '무언가, 누군가, 어디론가, 어디에선가' 등에 해당한다. 우크라이나어에서 부정대명사의 형성은 다음과 같은 몇 가지 방법에 의해 이루어진다.

① 의문문을 이끄는 대명사, 형용사, 부사끝에 сь를 붙여 만들게 된다. - сь는 보통 과거형 평서문에서 주로 사용된다.

	-сь	의미
хто (누구)	хто-сь	누군가
де (어디)	де-сь	어딘가
куди (어디로)	куди-сь	어디론가
яки́й (어떤)	який-сь	어떤 종류의
чомý (왜)	чому-сь	어떤 이유에서
коли́ (언제)	коли-сь	언젠가

② 접두사 де-를 의문 대명사, 형용사, 부사에 붙여 만들기도 한다. 이때 의미는 ①의 경우와 같으나 다만 몇가지 예외가 존재한다. 즉 дéщо가 형용사 앞에 쓰일 경우 '조금, 다소' 의 뜻이 되기도 한다(예 дéщо мéнше - 조금 더 작은). 'дéякий' 는 '어떤,' '특정의' 란 뜻으로 사용된다.

	де-	의미
хто (누구)	дé-хто	누군가
що (무엇)	дé-що	무언가 / 조금(a little)
куди́ (어디로)	дé-куди	어디론가
яки́й (어떤)	дé-який	어떤, 특정의
коли́ (언제)	дé-коли	언젠가

③ 의문문을 이끄는 대명사, 형용사, 부사끝에 -нéбудь를 붙여 만들게 된다. 이때 -нéбудь의 의미는 영어의 'any' 와 같다고 볼 수 있다. -нéбудь는 보통 의문문에서, 혹은 미래형 문장이나 조건문에서 주로 사용된다.

	- нéбудь	의미
хто (누구)	хто-нéбудь	누군가 (아무나)
що (무엇)	що- нéбудь	무언가 (아무거나)
де (어디로)	де-нéбудь	어디론가 (어디로나)
коли (언제)	колú-нéбудь	언제나, 언제든지, 언젠가

예문

Чи ти знайшóв що-нéбудь смачнé в корéйському ресторáні?

Did you find anything delicious in the Korean restaurant?

그 한국 음식점에서 무언가 맛있는 것을 발견했니?

Так, я з'ї́в щось дýже смачнé.

Yes, I ate something very delicious.

맞아, 나는 무언가 매우 맛있는 것을 먹었어.

Чи ви коли́-не́будь були́ у Льво́ві?
Have you ever been to L' viv?
당신은 언젠가 르비브에 간적이 있습니까?

Я десь її ба́чив, але́ не пам' ята́ю де.
I have seen her somewhere, but I can' t remember where it was.
나는 그녀를 어디선가 보았는데, 어딘지 기억이 나질 않는다.

④ 접두사 будь-를 의문대명사에 붙여 만들기도 한다. 이때 형성되는 누구든지, 언제든지 등의 의미를 갖게 된다.

	будь-	의미
хто (누구)	бу́дь-хто	누구든지
що (무엇)	бу́дь-що	무엇이든지
куди (어디로)	бу́дь-куди	어디론가
який (어떤)	бу́дь-який	어떤 ~ 이든지
коли (언제)	бу́дь-коли	언제든지

예문

Бу́дь-хто мо́же це зроби́ти.
Absolutely anyone can do that. 누구든지 이것을 할 수 있다.
Я мо́жу це зроби́ти бу́дь-коли.
I can do it at any time. 나는 언제든지 이것을 할 수 있다.

2. 부정(否定)대명사, 형용사, 부사의 활용

대화문장에서 Я ще там ніко́ли не був를 소개했다. '나는 그곳에 한번도 간적이 없었다' 라는 의미로 부정적인 의미를 나타내는 부사 ніко́ли를 사용하여 문장을 만들었다. 이와 같은 부정(否定) 대명사, 형용사, 부사들은 단어앞에 ні-를 붙여 만들며, 보통 동사 앞에 не를 써서 부정문을 만들게 된다.

	否定	의미
хто	ніхто́	아무도 …않다 (no-one)
що	нішо́	아무것도 없음 (nothing)
який	ніякий	어떠한 …도 없는 (no (kind of))
де	ніде́	아무데도 …없다 (nowhere)
куди	ніку́ди	아무데도 …없다 (to nowhere)
коли	ніко́ли	한번도 …않다 (never)
як	нія́к	결코 …않다 (nohow, by no means)

예문

Ніхто́ не зна́є. Nobody knows. 아무도 모른다.

Ніщо́ вели́ке не легке́
Nothing great is easy 위대한 것은 아무것도 쉽지 않다.

У нього нема́ нія́кого пра́ва
He has no manner of right 그는 어떠한 권한도 없다.

Я ніде́ його́ не ба́чив.
I didn' t see him anywhere. 나는 그를 아무데서도 보지 못했다.

Я ніку́ди не пішо́в.
I haven' t gone anywhere. 나는 아무데도 가지 않았다.

Я ма́йже ніко́ли його́ не ба́чу.
I hardly ever see him. 나는 거의 그를 보지 못한다.

Його́ нія́к не мо́жна перекона́ти
It is impossible to persuade him. 그를 설득시키는 것은 불가능하다.

상식코너

우크라이나의 코자크(Український козак)

15-16세기 우크라이나의 지역을 지배하던 폴란드로부터 중과세나 농노제의 덫을 피해 우크라이나 드니프로 강 유역과 그 너머 동남쪽의 초원지대로 도망 온 농민들의 자율적인 군사 공동체가 바로 우크라이나 코자크이다. 투르크어로 '방랑자,' '자유인,' 혹은 '무법자'의 의미를 지니고 있는 '카자크' (Kazaq)로부터 우크라이나 코자크라는 용어가 유래하게 되었다.

초기 코자크들의 군사집단은 내부적으로 경제적 불평등이 거의 존재하지 않았고, 자유롭고 평등하며 민주적인 집단이었다. 시간이 지나면서 코자크 대장(헤트만)과 참모, 서기, 회계, 재판관 등의 사회신분이 생기게 되었다. 처음에는 크림한국의 주민들, 특히 노가이 타타르인들과 주변 유목민들의 잦은 습격에 대비하고 그들을 습격, 약탈하고자 무장하게 되었고, 결정적으로 크림한국의 대규모 노예 포획전으로부터 방어하기 위해 군사적 조직체를 구성하게 되었는데, 이것이 코자크집단 형성의 기원이 되었다.

자포로쟈 코자크

- 정교도 루스 귀족이었던 드미트로 비시네베츠키에 의해 요새가 건립됨
- 타타르인들의 습격에 대비하여 드니프로 강의 급류 남쪽에 있는 말라 호르티차 섬에 크사크의 집단 거주지 겸 요새 건립.
- 이 거점은 '급류 너머(자 포로하미)의 요새' 라는 어의를 갖고 있음

- 말라 호르티차 섬뿐만 아니라 드니프로강의 양안에 속박을 피해 이주해 온 사람들의 이주지역을 통들어 자포로쟈라고 확대해석 하기도 함
- 다양한 사회적 - 민족적 배경의 사람들이 이 사회를 구성하였고, 이곳에 도착하면 출신과 과거를 불문하고 동지로 받아들여 졌다. 자포로쟈 코자크들의 용모와 코자크 전체의 복식에는 대단히 선명한 타타르적 요소가 있으나, 이 집단은 전체적으로 슬라브 - 정교적 성격이 강했음.

5단계

문화의 이해

유로마이단 혁명 이후 우크라이나 언어와 정체성

2013년부터 2014년 사이 순차적으로 발생한 유로마이단 혁명과 러시아의 크림반도 점령, 우크라이나 동부 분리주의 전쟁은 우크라이나인들의 정체성에 큰 변화를 일으켰다. 우크라이나에 대한 러시아의 침략과 공격적 자세는 우크라이나인들에게 자신의 정체성을 확인시키는 결과를 낳았고 우크라이나 국민의 통합을 촉진시켰다고 볼 수 있다. 물론 크림반도의 상실과 동부지역의 분리로 통합된 우크라이나 영토 유지는 어렵게 되었지만, 그 외 지역에서 러시아에 대항한 우크라이나인들의 통합과 단결은 훨씬 더 강화되었다. 격변의 시기를 거치면서 자신의 정체성을 '우크라이나인'으로 자랑스럽게 밝히는 국민들이 늘어났고, 국가의 상징들에 대한 강한 애착과 동포애를 표현하며 기꺼이 우크라이나를 위해 싸울 것을 천명하기도 했다.

결국 유로마이단 혁명이 독재정권에 대한 우크라이나 시민들의 사회적 동원을 이끌어 냈다면, 러시아와의 대결과 전쟁은 러시아로부터의 분리, 러시아에 대한 적대감을 낳았고, 이는 결국 우크라이나 국민 정체성의 강화로 이어졌다고 볼 수 있다. 유로마이단 혁명을 거치면서 민주주의 수호와 실현이라는 대의에 참여하고 이후 러시아에 대항한 동부 우크라이나 전쟁에 참여한 사람들은 서로를 단순한 동료 시위자, 동료 군인이 아닌 '우크라이나인'으로 인식하게 되었다. 이들이 정의하는 '우크라이나인'의 의미는 분명 민족적 기원이나 문화적 특성, 동일한 언어 사용과 관련 있기보다는 민주주의, 개인의 자유로운 선택, 시민의 개념과 연관되는 것으로 보였다. 실제 유로마이단 혁명과 동부 전쟁에 참여한 이들은 서부 출

신의 우크라이나어 사용자 뿐만 아니라, 우크라이나 전역의 러시아어 사용자들도 많았기 때문에 이들을 단순히 우크라이나어를 사용하는 민족주의자들로 일반화시킬 수 없다.

유로마이단 혁명을 전후하여 우크라이나 정체성의 변화를 확인할 수 있는 두 개의 서베이가 실시되었다. 키예프 국제사회학연구소(Kyiv International Institute of Sociology (KIIS))는 2012년 2월과 2014년 9월에 설문조사를 실시했는데, 전자에는 2,029명이, 후자에는 2,035명이 조사에 참여했다.

본 서베이를 실시했던 사회학자 쿨릭은 마이단 혁명과 동부 전쟁이 발생한 이후 우크라이나인들에게 있어 국민정체성이 다른 영토 및 非영토 정체성에 비해 훨씬 중요하게 인식된 것으로 평가했다. 한편, 우크라이나인이라는 것 자체의 의미도 바뀌었다고 설명했는데, 이러한 현상은 러시아로부터 분리의 심리가 형성되면서 가속화되었고, 또한 세계관으로서, 역사적 서사로서 우크라이나 민족주의가 편협하지 않게 더 많은 것을 수용하는 모습으로 바뀌었다고 분석했다.

2014년 설문조사에서 20개의 단어 목록 중 자신의 정체성을 가장 잘 특징짓는 단어 세 개만 선택 하라는 질문에 응답자의 47%가 '우크라이나인(Ukrainian)'을, 45%가 '남성/여성'을, 28%가 '나의 도시 또는 마을'을 선택했고, 26%가 '정교'를, 16%가 '자신의 (州 단위) 거주지역'을, 11%가 '연금 수령자'를, 7%가 '애국자'를 선택했다. 특정 응답자에게 있어 '우크라이나인'이라는 단어의 구체적인 의미는 그것이 국민 혹은 시민적 의미인지, 민족적 의미인지 혹은 이것들의 일부 조합인지 불분명하다(Kulyk 2016: 94). 그렇지만 분명한 사실은 비록 국민정체성에 대한 선호도가 전국적으로 고르게 분포되어 있지는 않더라도, '우크라이나인'으로서의 자기 인식이 당시 2014년을 전후하여 우크라이나에서 매우 두드러지게 나타났다는 것이다.

국민정체성은 서부와 중부의 우크라이나인들 사이에서 우세하게 나타난 반면, 동부와 남부에서는 다소 덜 일반적으로 보였다. 특히 돈바스인들 사이에서는 주 단위 지역 정체성과 출신 도시, 마을 정체성이 우선시 되었고, 이어 세 번째로 국민정체성이 중요하게 여겨졌다. 이러한 현상은 돈바스 주민들이 우크라이나의 나머지 지역과 점점 더 분리, 구별되고 있음 을 의미했는데, 이는 2014년 9월 돈바스 인구의 약 절반이 분리주의 지지여부와 관계없이 분리를 선언한 '공화국' 내에 살게 되었기 때문에 더욱 영향을 받은 것으로 보인다.

2014년 9월 서베이에서 “마이단 혁명과 동부 전쟁 이후 러시아에 대한 생각이 어떻게 변했는가?”라는 질문에 28%의 사람들은 러시아에 대한 태도가 “많이”, 25%는 “약간 더” 악화되었다고 응답해서 거의 50%가 넘는 응답자가 러시아에 대해 부정적 견해를 갖게 되었음을 알 수 있다. 그러나 러시아 국가에 대한 부정적 태도가 우크라이나인들의 러시아 국민에 대한 반감으로까지 이어진 것은 아닌데, 즉 2014년 서베이에서 “러시아정부가 무엇을 하든 러시 아인은 항상 우크라이나에 가까울 것이다”라는 진술에 대해 24%가 완전히 동의했고, 추가로 40%가 ‘대체로 동의한다’고 응답한 반면, 11%가 단호하게 반대했다. KIIS에서 진행한 그룹 토론의 결과에서도, 대부분의 참여자들은 러시아 국가에 대한 부정적인 태도가 러시아 국민에게까지 미치지 않는다고 얘기했지만, 하르키우의 20-25세 청년들은 러시아인들에 대한 비판으로 “양 처럼 순종적으로 지도자를 따르는 죄를 지었다”고 언급했다. 이들에 따르면, 러시아인들은 항의를 두려워할 뿐만 아니라, 국가의 정치 선전선 동을 잘 믿는 경향이 있다고 비판하면서 러시아인들이 과연 아직까지 우크라이나인들의 ‘형제’로 간주될 수 있을지 의심했다. 쿨릭에 따르면, 토론 참여자 일 부는 오히려 폴란드, 조지아, 리투아니아인들에게 우크라이나인들의 형제 호칭 을 주는 것이 더 합당하다고 말하기도 했다.

우크라이나에서 러시아어의 의사소통적 역할을 지지하는 사람들은 다음의 이유에서 러시아어의 사용을 주장하고 있다. 러시아어는 첫째, 우크라이나의 거의 모든 인구가 이해하는 언어이며, 둘째, 국제적 기능을 가진 언어로서 포스트 소비에트 국가의 시민들 사이에 의사소통을 가능하게 하는 언어이다. 돈바스를 제외한 지역에서 우크라이나 정체성의 강화는 결코 러시아어에 대한 태도의 악화 혹은 약화를 의미하지 않았다. 주로 우크라이나어를 사용하는 사람들 사이에서도 일상생활 속 러시아어의 사용이 큰 문제로 간주되지 않았으며, 러시아어와 우크라이나어가 양립할 수 없는 것으로 인식되지 않았다. 이러한 태도는 유로마이단 혁명과 동부 전쟁의 도가니에서 탄생한 새로운 우크라이나 정체성이 민족 문화적으로 상당히 포용적 성격을 가지고 있음을 나타낸다. 그럼에도 불구하고 우크라이나는 공식적으로 두 언어를 허용하는 이중 언어 국가가 아니다. 러시아어는 국가의 안팎에서 의사소통 수단으로 많은 인구에 의해 사용되고 있지만 국가를 대표하는 상징적 역할을 하지는 못한다. KIIS의 2014년 서베이에서 응답자들은 국가가 주로 권장하고 홍보하기를 원하는 언어를 묻는 질문에 대해 56%가 우크라이나어를 선호했고, 러시아어를 선택한 이들은 단지 5%에 그쳤다. 우크라이나어에 대한 국가의 지원을 지지하는 의견은 돈바스를 제외한 거의 모든 지역에서 공통되었다.

2022년 러시아의 우크라이나 침략 전쟁으로 우크라이나인들은 러시아에 더 큰 반감을 갖게 되었고 러시아와 구분되는 자신의 정체성을 강하게 느끼고 있다. 아마도 전쟁 이후 언어에 대한 선호도도 바뀌어 러시아어의 사용을 포기하고 우크라이나어를 의도적으로 사용하는 인구가 많이 늘어 날 것으로 예상된다.

(“문제적 관계의 우크라이나 언어와 정체성,” 동유럽발칸연구 46 (1)에서 발췌)

발렌티나 드보르닉의 포스터 작품으로 'ВОЛЯ'는 '결의, 의지'를 나타내는 우크라이나어. 러시아의 침략 전쟁에서 우크라이나가 승리할 것이라는 결의를 보여주고 있음.

출처: https://www.weareukraine.info/symbol-of-ukrainian-resistance-the-letter-i/#

Дванáдцятий урок

12 В аеропортý

공항에서

Діалóг : С: Стíвен / Сл: Службóвець

С : Тáто й мáмо, з м'яки́м призéмленням!
따또 이 마모, 즈 마끼임 쁘르이제믈렌냠

Зáраз прóйдемо пáспортний і ми́тний контрóль і пíдемо
자라스 쁘로이뎀모 빠쓰뽀르뜨느이 이 므이뜨느이 꼰뜨롤 이 삐뎀모

одéржувати наш багáж.
오데르주바뜨이 나쉬 바하쥐

С : Добри́день
도브르이덴

Сл : Добри́день. Вáші паспорти́, будь лáска.
도브르이덴 바쉬 빠쓰뽀르뜨이, 부드 라스까

С : Так.
딱

Сл : Скíльки ви планýєте пробýти у Львóві?
스낄끄이 브이 쁠라누예떼 쁘로부뜨이 우 르보비

С : Тíльки ти́ждень.
띨끄이 뜨이쥐덴

Сл : Дя́кую. Ви запóвнили декларáцію?
댜꾸유. 브이 자뽀브느일리 데끌라라찌유

С : Так. Ось, прóшу.
딱. 오씨, 쁘로슈

Сл : Ви мáєте предмéти, заборóнені до ввéзення?
브이 마예떼 쁘레드메뜨이, 자보로넨니 도 우베젠냐

Збрóю, наркоти́чні речови́ни?
즈브로유, 나르꼬뜨이츠니 레초브이느이

С : Ні.
니

Сл : Якá метá вáшого приї́зду?
야까 메따 바쇼호 쁘르이이즈두

С : Ми приї́хали на відпочи́нок.
므이 쁘르이이할르이 나 비드뽀츠이녹

Сл : Мóжете забрáти свої́ докумéнти.
모줴떼 자브라뜨이 스보이 도꾸멘뜨이

Приє́мної по́дорожі.
뻐르이옘노이 뽀도로쥐

Сього́дні спеко́тно - бу́дьте обере́жні.
시오호드니 스뻬꼬뜨노 - 부디떼 오베레쥐니

С : Ду́же дя́кую.
두줴 댜꾸유

아버지, 어머니 무사한 착륙을 축하드려요.
이제 입국수속처와 세관을 통과 할 것이고,
그런 뒤 우리들 가방을 가지러 갈거예요.
안녕하세요.
안녕하세요. 당신의 여권 부탁합니다.
네.
르비브에서 얼마 동안 계실 예정입니까?
겨우 일주일이요.
고맙습니다. 세관보고양식을 기입하셨습니까?
네, 여기있습니다.
수입이 금지된 물품들을 가지고 계십니까?
무기나 마약성분의 물질들은요?
아니요.
당신들의 여행목적이 무었입니까?
우리들은 휴가를 왔습니다.
당신들의 서류들을 가지셔도 됩니다.
좋은 여행이 되시길 바랍니다.
날씨가 매우 덥습니다. 건강유의하세요.
대단히 감사합니다.

단어 익히기

Словник	Vocabulary	단 어
та́то й ма́мо	Daddy and mom	아버지, 어머니 (тато, мама의 호격)
м'яки́м (원형 м' яки́й (a, e, i))	soft	부드러운 (a. 남성어미, 단수, 조격)
призе́мленням	landing, touchdown	착륙 (n. 중성, 단수, 조격)
з м'яки́м призе́мленням!	Congratulations on soft landing!	무사한 착륙을 축하합니다.
про́йдемо(원형 пройти́/прохо́дити)	(We will be) going through	통과할 것이다. (v. 1인칭, 복수, 완료형)(완료 / 불완료)
па́спортний	passport	여권의(a)
ми́тний	custom(a)	세관의(a)
контро́ль	control	통제(소), 수속(처) (n, 남성, 단수, 대격)
пі́демо (원형 пі́ти)	(We will) go (by walk)	(걸어서)가다 (v. 1인칭 복수, 현재, 완료형)
оде́ржувати/ оде́ржати	to receive, obtain, get	얻다, 받다, 갖다. (v. 불완료 / 완료)
бага́ж	luggage, baggage	(여행)가방, 짐 (n. 남성, 단수, 대격)
плану́єте(планува́ти/ сплануви́ти)	(You are) planning (완료 / 불완료)	계획하고 있다. (v. 2인칭, 복수, 불완료)
пробу́ти	to stay, remain	지내다, 머물다.(v)
ті́льки	only	겨우, 단지
ти́ждень	week	일주(n. 남성, 난수, 대격)
запо́внили запо́внити/ запо́внювати	fill in (완료/불완료)	기입하다, 채우다. (v. 2인칭 복수, 과거, 완료형)
деклара́цію	declaration	신고(서)(n. 여성, 단수, 대격)
предме́ти	object, article	물건(n. 남성, 복수, 대격)

заборóнені	forbidden, interdicted	금지된(과거분사)
ввéзення	import	수입, 반입 (n. 중성, 단수, 생격)
збрóю	weapons	무기(n. 여성, 단수, 대격)
наркоти́чні	narcotic	마약성분의 (a, 복수, 대격)
речови́ни	substances, materials	물질들(n. 여성, 복수, 대격)
метá	goal, aim, idea	목적, 목표 (n, 여성, 단수, 주격)
приї́зду	arrival, coming	도착 (n. 남성, 단수, 생격)
приї́хали(приї́хати/ приїжджáти)	to come, arrive (in a vehicle)	(교통수단을 통해)도착하다. (v. 1인칭 복수, 과거, 완료 형)(완료 / 불완료)
відпочи́нок	rest, recreation	휴가, 휴식 (n. 남성, 단수, 대격)
на відпочи́нок	on holiday	휴가차, 휴가로
забрáти/ забирáти	to take	갖다. (v. 완료 / 불완료)
докумéнти	document	서류 (n. 남성, 복수, 대격)
приє́мної	pleasant	좋은, 쾌적한 (a, 여성어미, 단수, 생격)
пóдорожі	travel, journey	여행 (n. 여성, 단수, 생격)
Приє́мної пóдорожі	have a plesant journey	좋은 여행 되세요.
погóда	weather	날씨 (n. 여성, 단수, 주격)
спекотно	hot	무더운
бýдьте (бути)	Let you will be	~하세요. (v. 2인칭 복수, 명령형)
оберéжні	careful	조심스러운 (a, 복수어미, 주격)
бýдьте оберéжні	take care!	조심하세요.

대화문장의 이해

1. Тáто й мáмо, з м’якúм призéмленням!
(아버지, 어머니 무사한 착륙을 축하드려요)

- 위의 문장에는 '축하하다'를 의미하는 동사 поздоровля́ти 혹은 вітати가 생략되어 있다.
- 동사 поздоровля́ти 혹은 віта́ти+кого(대격)+з+조격명사: ~에게 ~을 축하하다.
- Я поздоровля́ю(혹은 віта́ю) вас із* призéмленням.

(전치사 із는 앞의 вас가 자음으로 끝나기 때문에 з앞에 і를 삽입한 것임)

- 보통 '~을 축하하다' 라고 할 때 동사를 생략하고 전치사 'з+조격명사'를 사용하는 경우가 많다.
- ㉠ З днем наро́дження (생일 축하해요)
  З нови́м ро́ком (새해를 축하해요)

2. Приє́мної по́дорожі(좋은 여행 되세요)

- 위의 문장에는 동사 бажа́ти(기원하다, 바래다)가 생략되어 있다.
- Я бажа́ю вам приє́мної по́дорожі
- 동사 -бажа́ти+кому(여격)+чогось(생격): ~에게 ~을 기원하다.
- ㉠ Я бажа́ю вам щáстя (당신께 행운을 기원합니다)
  Я бажа́ю усіляких благ (모든 것이 잘 되길 기원합니다)
  Я бажаю успіхів (당신의 성공을 기원합니다)

3. Ви má́єте предмéти, заборóнені до ввéзення?
(수입이 금지된 물품들을 가지고 계십니까?)

- заборóнені는 동사 заборонити에서 만들어진 수동태 과거 분사로 본 교재에서는 설명이 되지 않는 문법사항이다. 간단히 설명하자면 아래와 같다.
- заборони́ти의 1인칭(현재)의 어근 заборон+ений=заборонений
- 우크라이나어에서 분사는 관계하는 명사의 성과 수에 영향을 받는다.
- 따라서 위의 문장에서 заборонений는 물품을 의미하는 복수명사 предмети의 영향을 받아 복수형용사 어미 і를 갖게 되어 заборонені가 되었다.
- Заборóнені는 문장에서 관계대명사를 대신하여 앞의 명사를 수식하면서 문장을 연결하는 기능을 한다.

4. Погóда дуже спéчна (날씨가 무덥습니다)

날씨 관련 단어 및 표현	우크라이나어 표현
추위	холод
더위	спека
도 (度, degree)	градус
비	дощ
눈	сніг
폭풍우	буря
천둥	грім
뇌우(雷雨)	гроза
호우	злива
안개	туман
우박	град
얼음	лід
번개	блискавка
비 내리는 날씨	Дощовá погóда (rainy weather)
부드러운(잔잔한) 날씨	м' якá погóда mild (soft) weather
불안정한 날씨	мінли́ва погóда broken (unsettled) weather

좋은 날씨	до́бра пого́да
나쁜 날씨	пога́на пого́да
일기예보소	бюро́ пого́ди
일기예보	прогно́з пого́ди
오늘 날씨가 어떻겠습니까?	Яка сьогодні буде погода?
오늘 날씨는 밝을 것입니다.	Сьогодні буде ясно.
오늘 날씨는 추울것입니다.	Сьогодні буде холодно.
오늘 날씨는 시원할 것입니다.	Сьогодні буде прохолодно.
오늘 날씨는 어두울 것입니다.	Сьогодні буде темно.
오늘 날씨는 더울 것입니다.	Сьогодні буде жарко.
오늘 날씨는 습할 것입니다.	Сьогодні буде сиро.
나는 아주 춥다.	Мені дуже холодно.
나는 아주 덥다.	Мені спекотно.
나는 아주 따뜻하다.	Мені дуже тепло.
비가 오다.	Іде дощ
눈이 오다.	Іде сніг
오늘은 햇빛이 좋은(많은) 날이다.	Сьогодні сонячний день.
밖에 바람이 분다.	На вулиці вітер.
오늘 온도는 몇도입니까?	Скільки сьогодні градусів тепла?
오늘 밖의 온도는 영상 / 영하 10도입니다.	Сьогодні на вулиці плюс / мінус десять.

3 단계

문법의 이해

1. 동사의 시제(불완료/완료)

- 우크라이나어의 동사는 크게 두 가지 시제, 즉 불완료와 완료시제를 가지며 각각의 시제는 다음과 같은 동작의 상태를 나타낸다.

시제	동작의 상태	예문
불완료형	과거 진행형	Тарас читав книжку. 타라스는 책을 읽고 있었다.
	현재 진행형	Тарас зараз читає книжку. 타라스는 지금 책을 읽고 있다.
	미래 진행형	Тарас буде читати книжку. 타라스는 책을 읽고 있을 것이다.
	과거의 반복적인 행동	Тарас щотижня читав книжку. 타라스는 매주 책을 읽곤했다.
	현재의 반복적인 행동	Тарас щодня читає книжку. 타라스는 매일 책을 읽는다.
완료형	과거/현재 완료	Тарас уже прочитав цю книжку. 타라스는 이 책을 이미 다 읽었다.
	미래 완료	Сьогодні Тарас прочитає цю книжку. 오늘 타라스는 이 책을 다 읽을 것이다.

2. 완료와 불완료 동사를 구분하는 방법

	구분 방식	불완료	완료
1	접두사의 유무에 따라 구분	читати	прочитати
		їсти	з'їсти
		дивитися	подивитися
		пити	випити
		сміятися	засміятися
		робити	зробити
2	접미사 -ва 혹은 -ува/-юва의 유뮤에 따라 구분	давати	дати
		запрошувати	запросити
		продавати	продати
		купувати	купити
3	어근의 끝이 -а(-я)로 끝나는가 아니면 -и로 끝나는가에 따라 구분	замовляти	замовити

4	규칙적인 방법으로 구분이 어려운 경우	допомагати	допомогти
		зустрічати	зустріти
		сідати	сісти
		брати	взяти
		заходити	зайти

3. 동사의 미래

3.1 불완료상 동사의 단순 미래형

- 불완료상 동사의 미래는 미래의 어느 시점에 발생할 행동을 묘사할 때 사용된다.
- 보통 두 가지 방식으로 표현이 되며, 같은 의미를 가진다.
- 제 1방식: бути(to be) 동사의 미래형 + 불완료상 동사
- 제 2방식: 불완료상 동사+접미사 -M+어미변화(제 1식 변화)

〈제 1 방식〉

인칭대명사	бути동사 변화	예문과 해석
Я	буду	працювати завтра. (내일 일 할 것이다) їхати до Львова. (르비브에 갈 것이다) летіти літаком Корейських Авіаліній (대한항공으로 비행할 것이다)
Ти	будеш	
Він, Вона	буде	
Ми	будемо	
Ви	будете	
Вони	будуть	

〈제 2 방식〉

인칭대명사	예문
Я	працюватиму завтра їхатиму до Львова летітиму літаком Корейських Авіаліній
Ти	працюватимеш завтра їхатимеш до Львова летітимеш літаком Корейських Авіаліній

Він, Вона	працюватиме завтра їхатиме до Львова летітиме літаком Корейських Авіаліній
Ми	працюватимемо завтра їхатимемо до Львова летітимемо літаком Корейських Авіаліній
Ви	працюватимете завтра їхатимете до Львова летітимете літаком Корейських Авіаліній
Вони	працюватимуть завтра їхатимуть до Львова летітимуть літаком Корейських Авіаліній

3.2 완료상 동사의 미래

- 완료상 동사의 미래는 앞으로 행해질 동작 혹은 완료될 동작을 말 할 때 사용된다.

  예 За́раз прóйдемо пáспортний і ми́тний контрóль і пі́демо одéржувати наш багáж.

  (이제 입국수속처와 세관을 통과 할 것이고, 그런 뒤 우리들 가방을 가지러 갈거예요)

- 완료상 동사의 인칭변화는 불완료상 동사의 현재 인칭변화와 똑 같은 형태로 실행된다.

인칭	читати		прочитати	
	불완료 현재형		완료 미래형	
1	читаю	читаємо	прочитаю	прочитаємо
2	читаєш	читаєте	прочитаєш	прочитаєте
3	читає	читають	прочитає	прочитають

예 Сьогодні я буду читати (or читатиму) книжку.

오늘 나는 책을 읽을 것이다.

Я прочитаю книжку і піду на роботу.

나는 책을 다 읽은 다음에 일하러 갈 것이다.

4. 동작동사

	부정태 (multidirectional)	정태(unidirectional)	
		불완료	완료
걸어가다	ходити	йти/іти	піти
차를 타고 가다	їздити	їхати	поїхати

목적지에 도착하는 동작

접두사	동사	예문
при-	прийти (완료)	Тарас прийде в гості до нас. (타라스는 손님으로 우리집에 걸어서 도착할 것이다)
	приїхати (완료)	Тарас приїде в Корею. (타라스는 한국에 도착할 것이다)

목적지로 향하는 동작

접두사	동사	예문
по-	піти (완료)	Тарас піде в гості до нас. (타라스는 손님으로 우리집에 걸어서 올 것이다)
	поїхати (완료)	Тарас поїде в Корею. (타라스는 한국으로 올 것이다)

안에서 밖으로 나가는 동작

접두사	동사	예문
ви-	вийти (완료)	Тарас вийде від нас. (타라스는 우리집에 걸어서 나올 것이다)
	виїхати (완료)	Тарас виїде з Кореї. (타라스는 한국에서 나올 것이다)

상식코너

러시아어화된 우크라이나어

우크라이나어의 러시아화는 이미 18세기이전 부터 진행이 되었다. 러시아 황제 표트르 1세는 1721년 칙령을 통해 우크라이나어로 된 모든 서적과 기록들을 불사르고 러시아어만 사용할 것을 명령한 바 있다. 계속된 우크라이나어에 대한 탄압은 1863년 칙령에 의해 다시한번 그 강도를 높이게 되었는데, 당시의 국무장관이었던 발례예프는 과거에도, 현재에도 그리고 미래에도 독자적인 소러시아어(우크라이나어)는 존재하지 않았으며, 앞으로도 존재하지 않을 것이다라고 말하면서 우크라이나어의 사용을 반러시아적인 것으로 규정지었다.

소비에트시기 우크라이나어에 대한 탄압은 계속되었으며, 우크라이나 단어들과 표현들을 러시아식으로 변화시켜갔다.

동화 전 우크라이나어	동화 후 우크라이나어	러시아어	뜻
арсен	мишяк	мышьяк	무기고
вакації	канікули	каникулы	방학
овочі	фрукти	фрукты	과일
цинамон	кориця	корица	계피
скребачка	скребок	скребок	긁는 기구
платівка	пластина	пластина	잎날
колишній	бувший	бывший	지난, 이전의
прибутки	доходи	доходы	이윤
відтак, відтоді	з тих пір	с тех пор	그 때 이후로

러시아어화 된 우크라이나어로 인해 많은 사람들은 우크라이나어와 러시아어의 차이가 사실상 없는 것이 아니냐라는 의구심을 갖게 된다. 그러나

1991년 우크라이나의 독립 이후 우크라이나의 지식인들과 국민들은 자신들의 언어정체성을 찾고자 많은 노력을 하고 있으며, 우리도 우크라이나어를 러시아어의 방언이 아닌 독립된 언어로 보아야 할 것이다.

문화의 이해

우크라이나의 전승기념일

독립 이후 우크라이나 정부는 여전히 전승기념일을 국가 공식 축일로 기념 해왔는데, 2004년 오렌지혁명을 기점으로 변화를 겪게 되었다. 오렌지혁명 이전에는 구 소련시기의 전승기념 방식을 그대로 유지했다. 그런데 오렌지혁명 이후 유시첸코 대통령은 전승기념일을 통해 과거사 문제의 해결 및 동과 서의 화해를 이루고자 노력했다. 제2차 세계대전 당시 우크라이나의 서부지역에서 활동했던 민족주의자 반정부 군대(Ukrayins'ka Povstans'ka Armiya, UPA)는 소련 시기동안 반역자로 취급되어 왔으며 따라서 전승기념일에 전쟁영웅으로 인정받지 못했었다. 오렌지혁명 이후 유시첸코 대통령은 전승기념일 행사에 소련군 참전용사뿐만 아니라 민족주의 반군(UPA)에 참여했던 용사들도 함께 초대해 나란히 단상에 앉게 했으며, 행진도 같이 했다. 2005-2009년 사이 우크라이나와 러시아는 서로 다른 방식으로 전승기념일을 기념하였다. 우크라이나에서는 제2차 세계대전 참전용사 중 희생자를 추모 하는 행사와 더불어 소련군과 반군에 참여한 참전용사들을 동시에 초대해 이들의 화합을 이끌어내는 기념행사도 가졌다. 소련식 군사행진은 사라지고 대통령, 정부각료 및 전쟁영웅들이 함께 전사자 기념탑에 헌화를 하는 방식으로 의례가 진행되었다. 이에 반해 2005년 이후 러시아는 전승기념일에 최신 전투무기와 군인들을 대대적으로 퍼레이드에 참여시켜왔다. 러시아의 대통령 푸틴과 메드베데프에 의해 재현된 퍼레이드는 매년 더 큰 규모로 발전해 나갔다. 2008년 메드베데프는 전승기념일 기념연설에서 주변 국가들의 무모한 행동으로 전쟁이 발생할 수 있다고 우려를 나타내며 우크라이나, 조지아 등 러시아와 CIS의 국익을 위협하는 국가들의 행동에 대해 경고 했다.

2010년에 등장한 야누코비치 정권은 친러시아주의를 지향하며, 우크라이나 동부와 서부의 갈등을 더욱 심화시켰고, 결국 오렌지혁명에 이어 2013~2014년 유로마이단 저항과 존엄성 혁명을 초래하였다. 혁명을 거치면서 우크라이나내에는 과거사에 대한 재평가의 필요성이 강하게 제기되었고, 구소련식 시스템과 러시아의 영향으로부터 벗어나기 위한 노력이 기울여졌다. 그와 관련된 작업으로 2014년 11월 26일 우크라이나 교육부장관 세르히이 크비트(Serkhiy Kvit)는 우크라이나의 새로운 교과서는 소비에트 용어인 '대조국전쟁'을 '제2차 세계대전'으로 바꿀 것이라고 언급했다. 크비트 장관은 야누코비치 정부 통치시기에 다시 소개된 바 있는 '대조국전쟁' 용어를 '제2차 세계대전'으로 바꾸려하는 국가기억연구소(Instittute of National Memory)의 입장에 지지한다고 말했다: "개인적으로 나는 이것(용어의 교체)을 지지하는데 그 이유는 전 세계가 이 사건을 비극으로 받아들이기 때문입니다. 대조국전쟁의 용어는 소비에트 국가의 관점에서 사용된 것입니다. 이 전쟁은 우크라이나에게 있어서는 '위대한 조국의 전쟁'이 아니었습니다. 우크라이나는 전제주의적인 국가들 사이에서 벌어진 싸움의 희생자였습니다. 그들 국가들 중 하나는 여전히 지금까지 살아남았고, 푸틴은 스탈린 혹은 레닌의 환생일 것입니다."

제2차 세계대전을 설명하는데 사용되는 용어를 두고 벌어지는 논쟁은 수 년간 우크라이나에서 격화되었다. 빅토르 야누코비치 재임시 이전 교육부장관이었던 드미트로 타바츠니크(Dmytro Tabachnyk)는 '대조국전쟁'의 용어를 사용할 것을 주장했고 우크라이나 역사의 소비에트화를 적극 추진했다. 더욱이 그는 러시아-우크라이나에서 함께 사용될 역사교과서의 공동제작에 대한 계획을 추진했었다. 소련은 1939년 나치의 독일 입장에서 제2차 세계대전에 참여를 했었다. 따라서 소련 학자들은 대조국전쟁을 1941년에 시작한 것으로 해석한다. 그러나 우크라이나의 대통령 포로쉔코는 2014년 8월 24일 독립기념일 행사 연설에서 우크라이나의 대조국전쟁은 1941년이 아닌 2014년에 발생한 전쟁임을 강조하였다:

"최근 몇달 간의 사건들은, 비록 선전포고도 없었을지라도, 우리에게 있어 진정한 전쟁이었습니다. 아마도 이것은 역사서에 2014년 조국전쟁으로 나오게 될 것입니다. 이것은 외래의 침략에 대한 전쟁, 조국의 자유, 명예, 영광, 그리고 독립을 위한 전쟁입니다. 이것은 조국전쟁입니다. 왜냐하면 모든 이들이 조국의 방어를 위해 일어섰기 때문입니다: 아이들로부터 어른까지. 자유를 위한 전쟁은 국민운동이 되었습니다. 저는 우크라이나를 위한 전투는 우리 군인들의 용기와 영웅주의에 의해 강화된 국민의 단합에 힘입어 우리에게 승리를 안겨주리라 믿습니다."

2022년 러시아의 푸틴은 우크라이나에서 나치주의를 종식 시킨다는 명목으로 전쟁을 일으켰으며, 5월 9일 전승기념일 이전에 전쟁을 마무리한다는 계획으로 우크라이나 돈바스지역과 흑해연안지역을 공략하고 있다. 소비에트 역사시각에 사로잡혀 우크라이나의 민주주의를 나치주의로 착각하는 푸틴의 오판이 역사의 심판을 받기를 간절히 바란다.

("우크라이나, 러시아, 벨라루스의 축일과 국가건설: 전승기념일을 중심으로," 슬라브연구 31(4)에서 발췌)

옐리자베타 훈코(Yelyzaveta Hunko, 2022)의 포스터 작품으로 러시아의 침략전쟁에서 우크라이나의 해방, 자유를 기원하고 있음. 우크라이나의 문장(삼지창)을 사람의 손 위에 새 모양으로 그려 넣어 파란 하늘로 자유를 찾아 날려 보내는 모습을 보여주고 있음. 노란색과 청색은 우크라이나 국기를 상징함.

출처: 365 Chronology of Creative Resistance of Graphic Desginers KNUKIM/KUK Catalog Calendar, Kyiv, Ukraine, 2023.

꿩먹고 알먹는
우크라이나어 첫걸음

우크라이나어

문법 편람 도표

꿩먹고 알먹는 우크라이나어 첫걸음

1. 명사의 격변화

비활동체 남성명사 / 단수				
주격	пáспорт	буди́нок	олівéць	телефóн
생격	пáспорта	буди́нку	олівця́	телефóна
여격	пáспорту	буди́нку буди́нкові	олівцю́	телефóну
대격	пáспорт	буди́нок	олівéць	телефóн
조격	пáспортом	буди́нком	олівцéм	телефóном
전치격	пáспорті	будинку	олівці́	телефóні

비활동체 남성명사 / 복수				
주격	паспорти́	буди́нки	олівці́	телефóни
생격	паспорті́в	буди́нків	олівці́в	телефóнів
여격	паспортáм	буди́нкам	олівця́м	телефóнам
대격	паспорти́	будинки	олівці	телефони
조격	паспортáми	будинками	олівцями	телефонами
전치격	паспортáх	буди́нках	олівцях	телефонах

활동체 남성명사 / 단수				
주격	брат	друг	учи́тель	англі́єць
생격	брáта	дрýга	учи́теля	англі́йця
여격	брату братові	другу другові	учи́телю учи́телеві	англі́йцю
대격	брáта	дрýга	учи́теля	англі́йця
조격	братóм	дрýгом	учи́телем	англі́йцем
전치격	брáтові	дрýгові	учи́телеві	англі́йцеві

활동체 남성명사 / 복수				
주격	брати́	дру́зі	учителі	англі́йці
생격	братів	дру́зів	учителі́в	англі́йців
여격	братам	друзям	учителя́м	англі́йцям
대격	браті́в	дру́зів	учителі́в	англі́йців
조격	брата́ми	друзями	учителя́ми	англі́йцями
전치격	брата́х	дру́зях	учителя́х	англі́йцях

여성명사 / 단수					
	비활동체			활동체	
주격	кни́га	ву́лиця	зу́стріч	сестра́	компа́нія
생격	книги	ву́лиці	зу́стрічі	сестри́	компа́нії
여격	кни́зі	ву́лиці	зу́стрічі	сестрі́	компа́нії
대격	кни́гу	ву́лицю	зу́стріч	сестру́	компа́нію
조격	кни́гою	ву́лицею	зустріччю	сестро́ю	компа́нією
전치격	кни́зі	ву́лиці	зу́стрічі	сестрі́	компа́нії

여성명사 / 복수					
	비활동체			활동체	
주격	книги	ву́лиці	зу́стрічі	се́стри	компа́нії
생격	книг	ву́лиць	зу́стрічей	сесте́р	компа́ній
여격	кни́гам	ву́лицям	зу́стрічам	се́страм	компа́ніям
대격	книги	ву́лиці	зу́стрічі	сесте́р	компа́нії
조격	кни́гами	ву́лицями	зу́стрічами	се́страми	компа́ніями
전치격	кни́гах	ву́лицях	зу́стрічах	се́страх	компа́ніях

중성명사 / 단수				
주격	де́рево	мо́ре	життя́	ім'я
생격	де́рева	мо́ря	життя́	і́мені
여격	де́реву	мо́рю	життю́	і́мені
대격	де́рево	мо́ре	життя́	ім'я
조격	де́ревом	мо́рем	життя́м	і́менем
전치격	дереві	мо́рі	житті́	і́мені

중성명사 / 복수				
주격	дере́ва	моря	життя́	імена́
생격	дере́в	морі́в	життí́в	іме́н
여격	дере́вам	моря́м	життя́м	імена́м
대격	дере́ва	моря́	життя́	імена́
조격	дере́вами	моря́ми	життя́ми	імена́ми
전치격	дере́вах	моря́х	життя́х	імена́х

2. 형용사의 격변화

남성형용사				
주격	до́брий	га́рний	си́ній	безкра́йній
생격	до́брого	га́рного	си́нього	безкра́йнього
여격	до́брому	га́рному	си́ньому	безкра́йньому
대격	до́брий доброго	га́рний га́рного	си́ній си́нього	безкра́йній безкра́йнього
조격	до́брим	га́рним	си́нім	безкра́йним
전치격	до́брому до́брім	га́рному га́рнім	си́ньому	безкра́йньому безкра́йнім

여성형용사				
주격	до́бра	га́рна	си́ня	безкра́йня
생격	до́брої	га́рної	си́ньої	безкра́йньої
여격	до́брій	га́рній	си́ній	безкраїній
대격	добру	га́рну	си́ню	безкра́йню
조격	до́брою	га́рною	си́ньою	безкра́йньою
전치격	до́брій	га́рній	си́ній	безкра́йній

중성형용사				
주격	до́бре	га́рне	си́нє	безкра́йнє
생격	до́брого	га́рного	си́нього	безкра́йнього
여격	до́брому	га́рному	си́ньому	безкра́йньому
대격	до́бре	га́рне	си́нє	безкра́йнє
조격	до́брим	га́рним	си́нім	безкра́йнім
전치격	до́брому до́брім	га́рному га́рнім	си́ньому си́нім	безкра́йоньому безкра́йнім

복수형용사				
주격	до́брі	га́рні	си́ні	безкра́йні
생격	до́брих	га́рних	си́ніх	безкра́йніх
여격	до́брим	га́рним	си́нім	безкра́йнім
대격	до́брі до́брих	га́рні га́рних	си́ні си́ніх	безкра́йні безкрайніх
조격	до́брими	га́рними	си́німи	безкра́йніми
전치격	до́брих	га́рних	си́ніх	безкра́йніх

3. 의문대명사의 격변화

	주격	생격	여격	대격	조격	전치격
хто	хто	кого́	кому́	кого́	ким	ко́му
що	що	чого́	чому́	що	чим	чо́му

4. 소유대명사의 격변화

단수						
	남성	여성	중성	남성	여성	중성
주격	мій	моя	моє́	твій	твоя	твоє́
생격	мого́	моє́ї	мого́	твого́	твоє́ї	твого́
여격	моє́му	мої́й	моє́му	твоє́му	твої́й	твоє́му
대격	мій мого́	мою́	моє́	твій твого́	твою́	твоє́
조격	мої́м	моє́ю	мої́м	твої́м	твоє́ю	твої́м
전치격	мо́єму	мої́й	моє́му	твоє́му	твої́х	тво́єму
주격	наш	на́ша	на́ше	ваш	ваша	ва́ше
생격	на́шого	на́шої	на́шого	ва́шого	ва́шої	ва́шого
여격	на́шому	на́шій	на́шому	ва́шому	ва́шій	ва́шому
대격	наш на́шого	на́шу	на́ше	ва́ш ва́шого	ва́шу	ва́ше
조격	на́шим	на́шою	на́шим	ва́шим	ва́шою	ва́шим
전치격	на́шому	на́ших	на́шому	ва́шому	ва́ших	ва́шому

복수					
주격	мої́	твої́	на́ші	ваші	і́хні
생격	мої́х	твої́х	на́ших	ва́ших	і́хніх
여격	мої́м	твої́м	на́шим	ва́шим	і́хнім
대격	мої́ мої́х	твої́ твої́х	на́ші на́ших	ва́ші ва́ших	і́хні і́хніх
조격	мої́ми	твої́ми	на́шими	ва́шими	і́хніми
전치격	мої́х	твої́х	на́ших	ва́ших	і́хніх

5. 인칭대명사의 격변화

단수					
주격	я	ти	він	вона́	воно́
생격	мене́	тебе́	його́ (до ньо́го)	її́ (до неї)	його́ (до ньо́го)
여격	мені́	тобі́	йому́	їй	йому́
대격	мене́	тебе́	його́	її́	його
조격	мно́ю	тобо́ю	ним	не́ю	ним
전치격	мені́	тобі́	ньо́му	ній	ньо́му

복수			
주격	ми	ви	вони́
생격	нас	вас	їх до них
여격	нам	вам	їм
대격	нас	вас	їх них
조격	на́ми	ва́ми	ни́ми
전치격	нас	вас	них

6. 기타대명사의 격변화

	단수 남성	단수 여성	단수 중성	복수
주격	цей	ця	це	ці
생격	цього́	ціє́ї	цього́	цих
여격	цьому́	цій	цьому́	цим
대격	цей цього́	цю	це	ці цих
조격	цим	ціє́ю	цим	ци́ми
전치격	цьо́му цім	цій	цьо́му цім	цих

	단수 남성	단수 여성	단수 중성	복수
주격	той	та	те	ті
생격	того́	тіє́ї	того́	тих
여격	тому́	тій	тому́	тим
대격	той того́	ту	те	ті тих
조격	тим	тіє́ю	тим	ти́ми
전치격	то́му тім	тій	то́му тім	тих

	단수			복수
	남성	여성	중성	
주격	чий	чия́	чиє́	чиї́
생격	чийо́го	чиє́ї	чийо́го	чиї́х
여격	чийо́му, чиє́му	чиї́й	чийо́му	чиї́м
대격	чий чийо́го	чию́	чиє́	чиї́ чиї́х
조격	чиї́м	чиє́ю	чиї́м	чиї́ми
전치격	чийо́му	чиї́й	чийо́му	чиї́х

	단수 남성	단수 여성	단수 중성	복수
주격	весь (увéсь, ввесь)	вся (уся́)	все (усé)	всі (усí)
생격	всьóго	всіéї	всьóго	всіх
여격	всьóму	всій	всьóму	всім
대격	весь всьóго	всю	все	всі всіх
조격	всім	всіéю	всім	всімá
전치격	всьóму всім	всій	всьóму всім	всіх

7. 동사의 활용

제 1 식변화(-е, -уть/-є, -ють 그룹)–부정사(불완료상)				
	현재	과거	미래	
Я	читáю	читáв (남성) читáла (여성) читáло (중성)	буду читати	читатиму
Ти	читáєш		будеш читати	читатимеш
Він	читáє		буде читати	читатиме
Вона				
Воно				
Ми	читáємо	читáли	будемо читати	читатимемо
Ви	читáєте		будете читати	читатимете
Вони	читáють		будуть читати	читатимуть

제 1 식변화 – 부정사 (완료상)			
	현재	과거	미래
Я		прочита́в (남성) прочита́ла (여성) прочита́ло (중성)	прочита́ю
Ти			прочита́єш
Він			прочита́є
Вона			
Воно			
Ми		прочита́ли	прочита́ємо
Ви			прочита́єте
Вони			прочита́ють

제 2 식변화(и(ї) 유형 동사)–부정사 (불완료상)				
	현재	과거	미래	
Я	ба́чу	ба́чив ба́чила ба́чило	буду ба́чити	бачитиму
Ти	ба́чиш		будеш бачити	бачитимеш
Він	ба́чить		буде бачити	бачитиме
Вона				
Воно				
Ми	ба́чимо	ба́чили	будемо бачити	бачитимемо
Ви	ба́чите		будете бачити	бачитимете
Вони	ба́чать		будуть бачити	бачитимуть

제 2 식변화 – 부정사 (불완료상)			
	현재	과거	미래
Я		поба́чив поба́чила поба́чило	поба́чу
Ти			поба́чиш
Він			поба́чить
Вона			
Воно			
Ми		поба́чили	поба́чимо
Ви			поба́чите
Вони			поба́чать